W0278849

STARK

ABITUR 2014

Prüfungsaufgaben
mit Lösungen

Spanisch

Gymnasium
Baden-Württemberg

2006–2013

STARK

ISBN 978-3-8490-0568-9

6. neu bearbeitete und ergänzte Auflage
www.stark-verlag.de

Inhalt

(Fortsetzung siehe nächste Seite)

Jeweils zu Beginn des neuen Schuljahres erscheinen die
neuen Ausgaben der Abitur-Prüfungsaufgaben mit Lösungen.

Autorinnen: Christine Baar (Hinweise und Tipps; Lösungen zu den Original-Prüfungsaufgaben) und Silvia Vega Ordóñez (Übungsaufgaben)

Vorwort

Liebe Abiturientinnen und Abiturienten,

dieser Band hilft Ihnen dabei, sich gezielt auf die schriftliche **Abiturprüfung im Fach Spanisch in Baden-Württemberg** vorzubereiten.

Er enthält die **Original-Prüfungsaufgaben der Jahre 2006 bis 2013** sowie eine Sammlung von **Übungsaufgaben im Stil des neuen Abiturs**. In diesen Übungsaufgaben können Sie die neuen Aufgabentypen trainieren: geschlossene und halboffene Aufgabenformate im Bereich des Leseverstehens (Multiple-Choice, Falsch-Richtig, Kurzantworten etc.) sowie Mediation und vergleichende Aufgaben im Bereich der Analyse. Thematischer Rahmen für die literarischen Texte in den Übungsaufgaben ist der neue Schwerpunkt „Vivir en tiempos difíciles".

Die **ausführlichen Lösungsvorschläge** zu allen Prüfungs- und Übungsaufgaben sind als Angebot und Orientierung gedacht, ersetzen aber nicht die eigene, selbstständige Beschäftigung und Durchdringung der Aufgaben und Inhalte. Vor den Lösungsvorschlägen finden Sie wertvolle **Hinweise**, die Ihnen bei der Erschließung der einzelnen Arbeitsanweisungen helfen.

Außerdem ist zu beachten, dass die Lösungsvorschläge zu Trainingszwecken möglichst breit angelegt sind und nur **eine** mögliche Aufgabenlösung darstellen. Es sei ausdrücklich darauf hingewiesen, dass auch andere Lösungsmöglichkeiten zulässig sind, soweit sie der Aufgabenstellung entsprechen und sachlich richtig sind.

Sollten nach Erscheinen dieses Bandes noch wichtige Änderungen in der Abitur-Prüfung 2014 vom Kultusministerium Baden-Württemberg bekannt gegeben werden, finden Sie aktuelle Informationen dazu im Internet unter:
www.stark-verlag.de/info.asp?zentrale-pruefung-aktuell

Die Autoren wünschen Ihnen viel Erfolg bei Ihrer Abiturprüfung!

Stichwortverzeichnis

Palabras clave

Personas

Obras literarias

Hinweise und Tipps zur schriftlichen Abiturprüfung in Spanisch

1 Arbeitsbereiche und literarisches Schwerpunktthema

Interkulturelles Wissen

- Kenntnis der wesentlichen gesellschaftlichen, wirtschaftlichen, politischen und kulturellen Verhältnisse in Spanien und Hispano-Amerika und ggf. deren historische Ursachen
- Die Rolle Spaniens im vereinten Europa und seine Beziehungen zu Deutschland
- Mindestens eine Region Spaniens und ein hispanoamerikanisches Land
- Die wichtigsten Unterschiede zwischen dem europäischen und dem amerikanischen Spanisch

Literatur

- Schwerpunktthema ab 2014: **Vivir en tiempos difíciles**
- Pflichtlektüre (9 Erzählungen):
  - Manuel Rivas: *La lengua de las mariposas*
  - Juan Eduardo Zúñiga: *Un ruido extraño*
  - Ramiro Pinilla: *Coro*
  - Pilar Cibreiro: *Santalla el escapado*
  - Ana María Matute: *El hermoso amanecer*
  - José María Merino: *El desertor*
  - José Jiménez Lozano: *La purificación*
  - Francisco García Pavón: *El mundo transparente*
  - Elena Pita: *Terciopelo robado*
- Kenntnis mindestens eines umfangreicheren Werkes der spanischen oder hispanoamerikanischen Literatur sowie Vertrautheit mit weiteren Formen des literarischen oder künstlerischen Schaffens aus Spanien und Hispano-Amerika

2 Die schriftliche Abiturprüfung ab 2014

Die schriftliche Abiturprüfung im Fach Spanisch besteht aus einem schriftlichen und einem mündlichen Teil (die sog. Kommunikationsprüfung).

2.1 Der schriftliche Prüfungsteil

Zur Bearbeitung der Aufgaben haben Sie 180 Minuten Zeit (einschließlich der Auswahlzeit). Die dabei erlaubten Hilfsmittel sind ein **einsprachiges Wörterbuch** sowie Nachschlagewerke zur **deutschen Rechtschreibung**.

Der schriftliche Prüfungsteil setzt sich aus den Anforderungsbereichen **Textverständnis** (Teil I) und **Textproduktion** (Teil II) zusammen. Teil II umfasst eine Aufgabe zur **Reorganisation oder Analyse** sowie einen **Kommentar oder eine gestaltende Interpretation:**

Teil I: Textverständnis *(comprensión de texto)*: Bearbeitung obligatorisch
Teil II.1: Reorganisation oder Analyse *(análisis)*: Bearbeitung obligatorisch
Teil II.2: Kommentar oder gestaltende Interpretation *(redacción)*: Wahl zwischen zwei Aufgaben

► Anforderungsbereich I: Textverständnis

Ab dem Abitur 2014 dient als Grundlage ein **unbekannter** Text aus dem Bereich des Schwerpunktthemas, z. B. ein literarischer Text von einem der Autoren aus den Pflichtlektüren oder ein Sachtext zu einem Themenbereich des Schwerpunktthemas. Der Text stammt **nicht** aus einer der Pflichtlektüren selbst. In der Regel begegnen Ihnen hier Aufgabentypen wie **Multiple-Choice-Aufgaben**, **Falsch/Richtig-Aufgaben**, **Zuordungsaufgaben** oder **Ergänzungsaufgaben** bzw. **Kurzantworten**. In diesem Anforderungsbereich werden für Ihre Lösungen keine sprachlichen Punkte vergeben, sie müssen dennoch klar verständlich formuliert sein.

Operatoren (Arbeitsanweisungen) im Bereich „Textverständnis":

Operator	Beispiel
citar	*Cite los correspondientes pasajes del texto.*
combinar	*Combine las frases con los personajes que las expresan.*
completar	*Complete las frases de manera corta y precisa.*
escribir el número	*Ordene las frases según la cronología del texto escribiendo los números de 1 a 8.*
marcar con una cruz y justificar	*Marque con una cruz (✗) la respuesta correcta. Justifique su decisión dando la línea del texto.*
indicar	*Indique las citas del texto para comprobar las siguientes afirmaciones.*

Ihre Antworten müssen Sie im Regelfall mit einem Textverweis belegen. Dies kann in Form eines Zeilenverweises oder der Angabe des entsprechenden Zitats zusammen mit der Zeilenangabe geschehen. In manchen Fällen müssen Sie nur das erste und letzte Wort des Zitats angeben, was Ihnen Zeit und Mühe spart.

► Anforderungsbereich II.1: Reorganisation oder Analyse

Als Textgrundlage dient in der Regel der Text aus dem Bereich „Textverständnis", Ihnen können aber ggf. weitere **spanische oder deutsche Texte** sowie **Bildmaterial** wie Karikaturen, Skizzen, Karten, Statistiken etc. vorgelegt werden.
Dieser Anforderungsbereich umfasst das verknüpfende bzw. vergleichende Verarbeiten und Darstellen bekannter bzw. der in den Textvorlagen präsentierten Sachverhalte. Sie sind dazu aufgefordert, den **Text zu durchleuchten und zu analysieren**. Dabei sollen Sie im Unterricht erworbene fachliche und methodische Kenntnisse nachweisen. Es gilt, einen möglichst **nüchternen Stil** zu verwenden. Darüber hinaus wird von Ihnen erwartet, dass Sie **logisch und stringent** argumentieren und Ihre Behauptungen durch **Zitate** bzw. **Verweise auf den Text** belegen.
Auch eine **Sprachmittlung** kann Ihnen hier begegnen, in deren Rahmen Sie z. B. Aussagen aus der spanischsprachigen Textvorlage mit Aussagen aus einem deutschen Text vergleichen sollen oder eine adressatenbezogene Übertragung ins Spanische vornehmen müssen.

Operatoren im Bereich „Reorganisation oder Analyse":

Operator	**Definition**	**Beispiel**
analizar	*examinar y explicar ciertos aspectos particulares de un texto teniendo en cuenta el mensaje del texto en su totalidad*	*Analice el papel de las cartas y de los telegramas en la relación entre Mario y Neruda en este fragmento y en la novela.*
caracterizar	*resaltar los rasgos característicos de un personaje, una cosa, una situación etc., generalizando los puntos particulares o los detalles mencionados en este texto*	*Caracterice al protagonista de la obra.*
comparar	*destacar las semejanzas y diferencias de dos textos u opiniones*	*Compare a Don Valeriano con algún personaje de una obra literaria que conozca.*
describir y…	*referir de manera ordenada y lógica aspectos determinados de algo o alguien*	*Describa la situación actual de los jóvenes en España y analice las razones por esta situación.*
destacar	*hacer resaltar ciertos aspectos*	*Destaque cómo la protagonista intenta superar los obstáculos.*
explicar	*señalar las razones o motivos de algo*	*Explique por qué el problema de la violencia afecta sobre todo a jóvenes de familias pobres.*

referirse	*tener en cuenta otros aspectos*	*Refiérase también al trasfondo histórico de este cuento.*
resumir y…	*reducir a términos breves y precisos lo esencial de un asunto o materia*	*Resuma los argumentos presentados en el texto alemán y compárelos con las ideas del autor del primer texto.*

▶ Anforderungsbereich II.2: Kommentar oder gestaltende Interpretation

In diesem Anforderungsbereich wird von Ihnen eine **argumentative Stellungnahme** oder eine **gestaltende Interpretation** verlangt (z. B. das Verfassen eines Briefes, eines inneren Monologs, eines Tagebucheintrags). Ziel dabei ist, zu selbstständigen Gestaltungen, Folgerungen, Begründungen oder Wertungen zu gelangen.

Sie können hier **aus zwei Aufgaben auswählen**, von denen eine aus dem Bereich des Schwerpunktthemas der Abiturprüfung stammt.

Operatoren im Bereich „Kommentar oder gestaltende Interpretation“:

Operator	Definition	Beispiel
comentar	*expresar opiniones y observaciones acerca de una cita, un problema o un comportamiento y dar argumentos lógicos*	*Comente en qué sentido estas dos postales, que se venden en Cuba, reflejan el mensaje del artículo «Los doctores del Chaco».*
comparar	*examinar dos o más cosas, situaciones, personajes, puntos de vista, etc. para descubrir y presentar su relación, sus semejanzas, sus diferencias según unos criterios dados*	*Compare el caso de los bebés robados en España con el robo de niños durante la dictadura en Argentina y comente las diferentes maneras de tratar los crímenes del pasado.*
convencer	*conseguir que una persona piense de una determinada manera o que haga una cosa*	*Convenza a tus padres de que estudiar un año en el extranjero es importante para usted y su futuro.*
evaluar	*comparar y juzgar las diferentes posiciones acerca de un tema/el comportamiento de un personaje*	*Evalúe el comportamiento de Makina teniendo en cuenta la situación de los ilegales.*
exponer su opinión	*expresar la propia opinión en cuanto a un comportamiento, una actitud, un punto de vista*	*Exponga su opinión acerca de las medidas del gobierno para luchar contra la corrupción y la delincuencia.*
interpretar	*analizar algo y explicar su sentido y su objetivo/mensaje*	*Interprete la cita siguiente.*
justificar	*aportar argumentos a favor de algo; defender con pruebas/razones*	*¿Cree usted que hoy Frida Kahlo pintaría y escribiría lo mismo? Justifique su opinión.*

redactar	*crear un cierto tipo de texto*	*Años después la madre de Lorenzo escribe una carta a una amiga sobre esa época. Redacte la carta.*
redactar un comentario	*analizar un asunto desde distintos puntos de vista para explicarlo o solucionarlo, examinar y valorar los pros y los contras, referirse a un punto de vista, poner objeciones y manifestar una opinión contraria*	*«Aquí parlem català». Redacte un comentario sobre la política lingüística en Cataluña y sus consecuencias para la vida cotidiana en esta Comunidad Autónoma.*

2.2 Die Bewertung

Die Original-Prüfungsaufgaben ab 2014 unterliegen folgender Bewertung:

Aufgabenteil	**Inhalt**	**Sprache**
Teil I: Textverständnis	10 VP	
Teil II.1: Reorganisation oder Analyse	10 VP	15 VP
Teil II.2: Kommentar oder gestaltende Interpretation	10 VP	15 VP
Summe	30 VP	30 VP

2.3 Die Kommunikationsprüfung

In der Kommunikationsprüfung sollen Sie zeigen, dass Sie die spanische Sprache verstehen und sprechen können. Dies kann in einer **Einzel**- oder einer sogenannten **Tandemprüfung** (zusammen mit einem Mitschüler) erfolgen.

Als **Sprechimpuls** wird Ihnen vor der Prüfung Material vorgelegt, das aus dem Bereich des Schwerpunktthemas stammen kann, aber nicht muss. Neben **Texten** sind auch **Bildmaterial** (Bilder, Fotografien, Karikaturen, Grafiken etc.), **Hörtexte** oder **Videos** möglich. Auch ein deutschsprachiger Text kann Ihnen als zusätzlicher Impuls vorgelegt werden. Sie haben 15 Minuten Zeit, um sich mithilfe eines einsprachigen Wörterbuches vorzubereiten. Dabei dürfen Sie sich Notizen machen.

Die Prüfung selbst ist in zwei Teile gegliedert:
Einzelprüfung:
- Monologisches Sprechen (5 Minuten)
- Dialogisches Sprechen (10 Minuten)

Tandemprüfung:
- Monologisches Sprechen (je Schüler 5 Minuten)
- Dialogisches Sprechen (10 Minuten)

2.4 Tipps zur Kommunikationsprüfung

Vor der Prüfung

Besprechen Sie schon vor der Abiturprüfung mit Ihrem Fachlehrer, auf welche Art von Sprechimpuls (Texte, Bildmaterial, Hörtexte, Videos) sie sich einstellen müssen. Falls Ihr Tandempartner am Tag der Prüfung erkrankt, findet eine Einzelprüfung statt. Bereiten Sie sich deshalb zuvor auch auf eine mögliche Einzelprüfung vor, damit Sie ggf. nicht von der neuen Situation überrascht werden.

Während der Prüfung

Nachdem Ihnen die Sprechimpulse und die Aufgaben vorgelegt werden, haben Sie **15 Minuten Zeit**, um sich mithilfe eines einsprachigen Wörterbuchs auf die Kommunikationsprüfung vorzubereiten. Schlagen Sie nur die **wichtigsten Wörter** nach, um nicht zu viel Zeit zu verlieren. Notieren Sie **stichpunktartig** wichtige Aspekte, die Ihnen bei der Gliederung Ihres Monologs helfen oder die Sie im Dialog ansprechen könnten. In der Prüfung müssen Sie frei sprechen. Es ist deshalb nicht sinnvoll, ausformulierte Sätze zu notieren.

In der Prüfungssituation ist man häufig nervös und verhaspelt sich oder gerät ins Stocken. Lassen Sie sich davon nicht aus dem Gleichgewicht bringen. Atmen Sie tief durch, sammeln Sie sich und setzen Sie neu an. Je besser Sie ein- oder überleitende Formulierungen beherrschen (zum Beispiel: „Para empezar quiero decir que/describir (a)/explicar…“; „Lo que quiero decir es que…“; „Se puede añadir que“; „Otro aspecto importante es“), desto mehr können Sie sich auf das Inhaltliche konzentrieren.

Achten Sie während des dialogischen Teils der Prüfung darauf, dass die Redeanteile **ausgewogen** sind. Falls Ihr Gesprächspartner Sie nicht zu Wort kommen lässt, können Sie ihn höflich unterbrechen. Sollte Ihr Gegenüber eher wortkarg sein und nicht richtig ins Reden kommen, können Sie ihm gezielte Fragen (zum Beispiel nach Aspekten, die er in seinem Monolog genannt hat) stellen. Die **Gesprächsführung** (Interaktion) fließt in die Beurteilung mit ein.

2.5 Tipps zur Sprachmittlung

In der Abiturprüfung kann Ihnen im Bereich der **Reorganisation und Analyse** (schriftliche Prüfung), aber auch als zusätzlicher Impuls in der **Kommunikationsprüfung** ein **deutscher Text** vorgelegt werden.

Bei einer Sprachmittlung geht es nicht um das genaue, wortwörtliche Übersetzen des Ausgangstextes, sondern um eine **sinngemäße Übertragung** der wichtigsten Aspekte in eigenen Worten. Sollte Ihnen im Rahmen der Reorganisations- und Analyseaufgabe ein deutschsprachiger Text vorgelegt werden, kann es sich zum Beispiel um folgende Arten von Aufgaben handeln:

- **sinngemäße Übertragung** in die Zielsprache
  Achten Sie hier darauf, gegebenenfalls adressatenbezogen zu schreiben (wenn von Ihnen gefordert ist, einen Artikel für eine Schülerzeitung zu verfassen, einen Text für eine bestimmte Person zu übertragen, eine Rede zu halten etc.).
- **Vergleich von Aussagen** aus der ersten, spanischsprachigen Textvorlage (Text A) mit Aussagen aus dem deutschen Text (Text B)
  Falls Ihnen die Aufgabenstellung hier vorgibt, sich auf bestimmte Aspekte des Textes zu konzentrieren, dann beschränken Sie sich auch tatsächlich darauf.
- **Auseinandersetzung mit Aussagen** im deutschen Text **vor dem Hintergrund des Schwerpunktthemas**
  Hier ist Ihr Hintergrundwissen zum Schwerpunktthema gefragt, mit dem Sie sich im Unterricht intensiv beschäftigt haben.

3 Textsortenspezifisches Schreiben

3.1 Personen charakterisieren

Eine Person kann im Text **explizit** (z. B. durch eine direkte Beschreibung) oder auch **implizit** (z. B. durch einen „sprechenden" Namen) charakterisiert werden. Am besten sammeln Sie alle entsprechenden Informationen vor dem Verfassen Ihres Textes und ordnen sie. Zur Charakterisierung einer Person sollten Sie diese zunächst allgemein beschreiben (Name, Nationalität, Alter, Aussehen, Familienstand, Informationen zur Biografie) und dann auf den Charakter und das Verhalten der Person eingehen. Von Interesse sind auch die Beziehungen zu den anderen Personen, die im Text vorkommen. Die Charakterisierung muss über die reine Beschreibungsebene hinausgehen und führt zur Interpretation.

3.2 Brief verfassen

Ein Brief kann formell oder informell sein. Sie sollten sich auf jeden Fall an die Anforderung in der Aufgabenstellung halten.
Die formalen Bestandteile eines Briefes sind im Wesentlichen das Datum, die Begrüßungsformel, der Textkörper, die Verabschiedung, die Abschiedsformel und die Unterschrift. Was den Inhalt angeht, so kann der Verfasser in seinem Brief z. B. informieren, Gefühle ausdrücken, versuchen, jemanden zu überzeugen, um etwas bitten, protestieren oder kritisieren.
Eine Sonderform des Briefes ist der Leserbrief *(la carta al director).*

	una carta formal	*una carta informal*
el saludo inicial	*Estimados señores y señoras:* *Distinguidos señores:* *Muy señores nuestros:* *Estimado/Distinguido Sr. García:* *Estimada/Distinguida Sra. García:*	*Querido Juan/Querida María:* *Hola Juan:*
empezar la carta	*Me dirijo a usted...* *Le(s) escribo para solicitar información sobre.../ en respuesta a su carta del 13 de agosto...* *Quisiera...*	*¿Qué tal?* *¿Cómo te va?* *Te mando esta carta para...*
la despedida	*Dándole(s) las gracias por anticipado, ...* *En espera de sus noticias, le(s) agradezco de antemano la acogida de esta carta.*	*Esto es todo por ahora.* *Esto es todo de mi parte.* *Escríbeme pronto.* *¡No te olvides de contestarme!*
el saludo final	*Le(s) saluda atentamente,...* *Muy atentamente, ...*	*Un fuerte abrazo,...* *Besos, ...* *Saludos cordiales/afectuosos...*

3.3 Tagebucheintrag/*monólogo interior* schreiben

Beide Textsorten sind eigentlich sehr privater Natur und nicht für die Öffentlichkeit bestimmt. Im Grunde genommen richten sie sich an ein imaginäres Gegenüber, um über etwas Rechenschaft abzulegen oder Klarheit zu bekommen. Meistens ist der Verfasser von Fragen und Zweifeln geplagt, von widersprüchlichen Gefühlen hin- und hergerissen und muss zu einer Entscheidung gelangen. Typisch ist zum einen also ein stark reflexiv-meditativer Charakter, zum anderen – und dies, ohne sich gegenseitig auszuschließen – treten oft ungehemmt ehrliche und spontane Emotionen, Verwünschungen, Flüche, Gefühlsausbrüche und Verzweiflung zutage. Sprachlich erfordert diese Textsorte daher eine große Bandbreite in Vokabular und Stil.

4 Nützliche Wendungen zum Verfassen eines Textes

Abwägen

- *Por un lado, ...; por el otro/por otro lado, ...*
- *No solo..., sino también...*
- *En cierto sentido, .../Es cierto que..., pero...*
- *Desde este punto de vista, ...*

Aufzählen

- *Primero,.../En primer/en segundo/en tercer lugar...*
- *Entonces, .../finalmente,...*
- *Para empezar se puede mencionar/decir que...*
- *Resumiendo lo anteriormente dicho se puede decir que.../ Concluyendo hay que decir...*
- *Para resumir/En conclusión/En resumen, ...*

Beispiele geben

- *Por ejemplo.../Para nombrar un ejemplo.../Tomemos el ejemplo de...*
- *Este punto se hace patente en.../cuando...*
- *Para aclarar este punto.../ilustrarlo...*
- *Este hecho se deja corroborar con un ejemplo...*

Charakterisieren von Personen

- *El personaje (principal) es gordo/delgado/alto/bajo/bonito/guapo/feo/rubio/ moreno/joven/viejo.*
- *El/la protagonista lleva gafas/tiene el pelo largo/tiene los ojos azules.*
- *El personaje es simpático/antipático/aburrido/interesante/tradicional/moderno/inteligente/tonto (estúpido)/amable/(un poco) pesado/paciente/impaciente/triste/alegre/aplicado/perezoso/algo vago/serio/divertido/tranquilo/marchoso/severo/tolerante/es pobre/rico/está casado/es soltero.*
- *El personaje ocupa una posición clave/desempeña un papel decisivo/importante.*
- *El comportamiento de... revela sus sentimientos y emociones.*
- *La actitud del protagonista ante su madre se caracteriza por...*
- *Hay una relación armónica/conflictiva entre los dos personajes.*

Besprechen eines Buches/Filmes

un libro puede ser	***una película puede ser***
– *una novela (de aventuras/negra = policíaca)* – *una ficción histórica/fantástica* – *una ciencia ficción* – *un cuento (de hadas)* – *una historia* – *una narración (corta)* – *una fábula* – *un relato*	– *una película romántica/fantástica/policíaca/de amor/de drama/de ciencia ficción/del oeste/de horror/de acción/de aventuras/de guerra/de dibujos animados* – *una comedia romántica/una tragicomedia* – *un drama/un melodrama* – *un documental* – *un cortometraje* – *un largometraje*

Besprechen eines Buches

- *La novela tiene lugar en.../está basada en.../se desarrolla en el presente/en el pasado.*
- *El autor/La autora narra/relata/describe/ilustra...*
- *El narrador en primera/tercera persona/el narrador omnisciente...*
- *El/la protagonista/el héroe/la heroína/el antagonista...*
- *El autor utiliza elementos dramáticos/cómicos.../expresiones como... /descripciones de... /detalles/metáforas/símbolos/imágenes/recursos estilísticos como la repetición/la enumeración/la comparación/la personificación/la ironía...*
- *El autor quiere divertir/entretener/informar/educar/sorprender/chocar/llamar nuestra atención sobre...*

Besprechen eines Filmes

- *Una adaptación (de una obra) literaria llevada al cine/una adaptación del Quijote para el cine/una adaptación cinematográfica de la novela...*
- *La banda sonora hace resaltar la atmósfera/consigue una atmósfera romántica/de tensión/melancólica...*
- *La película critica.../se pronuncia en favor de.../toma partido por.../lanza un mensaje pacifista/sólo pretende entretener/transmite valores generales/religiosos/ conservadores.*

Beschreiben von Bildern

- *En la foto/la caricatura/la ilustración presentada/el cuadro presentado, hay...*
- *En la foto/la caricatura/la ilustración/el cuadro (título) de (autor), se ve/se ven...*
- *En el primer plano..., en el centro..., al fondo..., en el horizonte, se encuentra/se encuentran...*
- *En la parte superior/en la parte de arriba...*
- *En la parte inferior/en la parte de abajo...*
- *Podemos observar/reconocemos/destaca(n)/aparece(n)...*
- *El cuadro transmite/atrae/expresa...*
- *El caricaturista quiere provocar/llama la atención sobre/alude a/critica...*

Adjektive, die zur Beschreibung eines Textes/Filmes/Bildes etc. verwendet werden können:
aburrido, mal escrito, mal hecho, malo, exagerado, raro, demasiado sentimental, interesante, bien escrito, bien hecho, bueno, bonito, excepcional, expresivo, fascinante, misterioso, realista, romántico, vivo

Beschreiben von Grafiken, Diagrammen, Statistiken

- *La tabla/el cuadro presenta números y datos tal cual...*
- *El gráfico de barras/el gráfico de curvas/el diagrama circular hace visible...*
- *En torno al/cerca del 20 % declara/afirma/niega...*
- *Más de la mitad/Una parte considerable/la gran mayoría rechaza/considera...*

Bezug nehmen

- *Respecto a.../en cuanto a.../por lo que respecta a.../concerniente a.../en lo que se refiere a...*

Begründen

- *Por eso,.../por esa razón,...*
- *Es la razón/el motivo por qué...*
- *Por las razones mencionadas...*
- *Como...* (wenn Nebensatz vorangestellt)/*porque...* (wenn Nebensatz nachgestellt)
- *puesto que.../ya que.../debido a.../a causa de.../por motivo de...*

Folgerungen ziehen, Absichten nennen

- *Por consiguiente, .../A consecuencia de.../En lo consiguiente quiero...*
- *De eso resulta que...*
- *Es decir, .../En otras palabras,...*
- *En conclusión.../En suma,.../Resumiendo...*
- *...así que.../por...*

Gefühle ausdrücken

- *Estoy feliz/alegre/entusiasmado/encantado/aliviado que... (+ subjuntivo)*
- *Estoy triste/desesperado/deprimido/decepcionado/furioso/intranquilo... (+ subjuntivo)*
- *Tengo miedo/me temo mucho que... (+ subjuntivo)*
- *Estoy sorprendido/atónito/confuso... (+ subjuntivo)*
- *¡Qué alegría!/¡Viva...!*
- *¡Dios mío!/¿Es verdad que...?*
- *¡Qué horror!/¡Ay, pobre de mí!*

Hinzufügen eines neuen Aspekts/Einräumen

- *Además, .../Aparte de eso, .../Así como.../Por lo demás,.../Junto a es(t)o,...*
- *Hay que añadir/agregar que...*
- *También/Asimismo...*
- *Aunque.../Aun cuando.../A pesar de.../Pese a que...*
- *Sin embargo.../No obstante...*

Vergleich und Gegensatz

- *En comparación a.../Comparado a...*
- *Se puede ver una semejanza a.../Semejante a.../Tanto... como*
- *En contraste a...*
- *Hay que acentuar la diferencia entre... y...*
- *Es necesario distinguir entre... y...*

Wiedergeben der Meinung des Autors

- *Según el autor,...*
- *Como opina/dice el autor,...*

Verben, die in Bezug auf den Autor verwendet werden können:
decir, hablar de, expresar, constatar, afirmar, explicar, analizar, revelar, pretender, describir, pintar (una imagen), enumerar, dar/presentar informaciones sobre/en cuanto a, llamar la atención sobre, insinuar a, hacer alusión a, criticar, poner en duda, poner de relieve, subrayar, acentuar, discutir, mostrarse partidario/a favor/en contra de, creer, pensar

Wiedergeben der eigenen Meinung

- *En/Según mi opinión,...*
- *Soy de la opinión que...*
- *Estoy a favor de.../en contra de...*
- *A mi modo de ver,...*
- *Desde mi punto de vista,...*
- *(No) comparto la opinión de.../(No) estoy de acuerdo con... cuando dice...*
- *No veo las cosas como...*
- *Pienso que/opino que/Me parece que...*
- ***No** pienso que/**No** creo que/Me parece **mal/bien** que... (+ subjuntivo)*
- *Estoy seguro que/Estoy convencido que...*
- ***No** estoy seguro que/**No** estoy convencido que... (+ subjuntivo)*
- *Lo que importa es/Lo mejor es... (+ infinitivo)*
- *Es necesario/imprescindible/preciso... (+ infinitivo **o** que + subjuntivo)*
- *Queda por discutir si...*
- *Me encanta/Me gusta porque...*
- *No vale nada/No vale la pena...*

Zeitangaben

- *En la época de...*
- *En aquel momento/En este momento...*
- *En aquel entonces,...*
- *A primeros de/A mediados de/A finales de...*
- *Al mismo tiempo que...*
- *Mientras tanto/Entretanto,...*
- *Durante...* (Zeitangabe, z. B.: *durante la guerra*)
- *En 2013/En el año 2013...*

Übungsaufgaben

Baden-Württemberg
Spanisch – Übungsaufgabe 1

«Los días del arcoíris» de Antonio Skármeta

Chile, 1988, durante la dictadura de Pinochet. Nico Santos es un estudiante de secundaria y el hijo del profesor de filosofía Santos, a quien se llevaron de clase los militares, delante de Nico. A la siguiente hora de clase viene el sustituto de su padre, el profesor Valdivieso.

A la salida del colegio me quedo en la esquina sin ganas de volver a casa. Si papá no está, soy muy poco virtuoso. No lavo los platos de la cena y la vajilla sucia se acumula en la cocina.

Repaso en la memoria el número de teléfono del hombre que hablaría con el cura. Quizá ya tendría información. Pero no debía llamarlo desde la casa. Me quedo esperando que se desocupara el teléfono público frente al paradero del bus. Froto la moneda de cien pesos en la palma de la mano hasta que el metal se calienta.

En eso estoy cuando se me acerca el profesor Valdivieso.

—¿Un café, Santos?

—¿Para qué?

—Para el frío, digo.

Caminamos hasta la confitería Indianápolis y nos apoyamos en el mesón mirando las nalgas de la dependienta envuelta en una minifalda dos tallas más chica que la que le corresponde. Cuando traen el café humeante, el profesor pone las manos en la taza para entibiarlas, y yo le echo azúcar en una cantidad que causaría el reproche de Patricia Bettini.

—Santos— dice entonces —, está no es una situación cómoda para mí. No es mi culpa que me haya tocado justo usted en el curso donde su papá hacía clases.

—Tampoco es culpa de mi papá.

—Acepté el puesto no por complicar la vida de su padre, sino porque la vida debe seguir adelante. Nuestros niños tienen que tener educación, pase lo que pase.

—Una educación ética —digo.

—A mí no me interesa qué ideas políticas haya tenido su padre.

—Bueno, nada muy especial. Su idea fundamental es luchar contra Pinochet.

—¿Ve usted? No puede ser que su padre mezcle una situación política como la que vive el país con la filosofía de Platón, que vivió más de dos mil años antes.

—No sé de qué me está hablando, profesor Valdivieso.

Toma un sorbo de café y la espuma de la leche le ensucia el bozo y se limpia con la manga. Veo que el teléfono público del local acaba de desocuparse y aprieto la moneda dentro del bolsillo.

Él saca de su chaqueta un papel doblado y lo estira sobre el metal del mesón. Es un texto manuscrito. Lo lee en voz alta, pero acercándose a mí en tono confidencial:

—«Así se puede decir que los chilenos en la dictadura de Pinochet somos como los prisioneros de la caverna de Platón. Mirando sólo sombras de la realidad, engañados por una televisión envilecida, mientras que los hombres luminosos son encerrados en calabozos oscuros.»

—¿De dónde sacó eso, maestro?

—Son los apuntes de clase de uno de sus compañeros de curso, Santos. El joven se lo entregó al rector.

Doy con tanta fuerza vueltas la cucharilla dentro del café que el líquido se desborda sobre el plato. Detrás de la cajera hay un pequeño estante con cigarrillos de todas las marcas. Ahí está también el tabaco negro que fuma mi padre.

Si sólo supiera dónde está le llevaría una cajetilla.

—Espero, Santos, que no me guarde rencor por haber ocupado el puesto de su padre.

—No, de ningún modo, señor Valdivieso.

—Usted sabe que éste es el mejor colegio de Chile y que para un profesor joven entrar en él es un motivo de orgullo y un hito en su carrera profesional.

—No se preocupe.

—Es que hubiera preferido haber entrado en otras condiciones. Por ejemplo, ganando un concurso de oposiciones y no haber sido designado por el dedo del señor rector.

Me llevo el pocillo a la boca y soplo el líquido. Está demasiado caliente aún. Lo pongo sobre el mesón y devuelvo a la taza el café que se ha derramado sobre el platillo.

—Si usted no hubiera aceptado —digo—, cualquier otro habría tomado el trabajo.

(625 palabras)

Fuente: Antonio Skármeta, Fragmento de la obra LOS DÍAS DEL ARCOÍRIS

Wortangaben und Erläuterungen:

l. 15	entibiar:	enfriar
l. 15	el reproche:	*Vorwurf*
l. 16	Patricia Bettini:	la novia de Nico Santos
l. 34	la caverna de Platón:	el mito de la caverna es una alegoría; trata del hombre frente al conocimiento
l. 35	envilecido/-a:	algo que se ha hecho despreciable
l. 36	el calabozo:	aquí: la cárcel
l. 44	guardar rencor:	*einen Groll hegen*

Comprensión (10 VP Inhalt)

1. Marque con una cruz (✗) la respuesta correcta. Justifique sus decisiones dando la(s) línea(s) del texto.

   a) Después de salir del colegio,

   ☐ Nico quiere volver a casa para hacer las tareas domésticas.

   ____

   ☐ Nico quiere hacer una llamada, pero no puede hacerla desde la casa.

   ____

   ☐ Nico espera al profesor Valdivieso para hablarle.

   ____

   b) Describe cómo se siente el profesor Valdivieso.

   ☐ Incómodo.

   ____

   ☐ Enojado.

   ____

   ☐ Arrepentido.

   ____

2. Marque con una cruz (✗) si la frase es verdadera (V) o falsa (F). Justifique sus decisiones dando la(s) línea(s) del texto.

	V	F
a) El padre de Nico es partidario del régimen de Pinochet.	☐	☐
b) Ha comparado la situación de los chilenos con un antiguo mito griego.	☐	☐
c) Un compañero de clase de Nico ha denunciado a su padre.	☐	☐
d) Nico sabe adónde se han llevado a su padre los militares.	☐	☐

	V	F
e) Nico no se siente ofendido por la sustitución de su padre por el profesor Valdivieso.	☐	☐

____

f) El profesor Valdivieso obtuvo este puesto ganando un concurso de oposiciones.	☐	☐

____

Análisis (10 VP Inhalt / 15 VP Sprache)

3. Caracterice al profesor Valdivieso y compare la actitud de los dos profesores mencionados en el texto (Valdivieso y Santos) con un personaje de alguna obra literaria que haya leído.

Redacción (10 VP Inhalt / 15 VP Sprache)

4. Elija **uno** de los temas siguientes:
   a) Imagine que Nico Santos consigue hablar libremente con su padre en la cárcel. Escriba un posible diálogo entre padre e hijo. Hablan de lo que ha pasado y del posible futuro del profesor Santos.

   o

   b) En el texto aparece la frase «Mirando sólo sombras de la realidad, engañados por una televisión envilecida». Comente el papel y la influencia que tiene la televisión (sean la televisión clásica o los vídeos in Internet) en nuestras vidas diarias.

Lösungsvorschläge

Comprensión

Hinweis: *Wenn Sie sich bei Multiple-Choice-Fragen nicht sicher sind, versuchen Sie zunächst, mit der Ausschlussmethode weiterzukommen. Welche Antwort kann auf keinen Fall stimmen? Suchen Sie dazu nach Schlüsselwörtern im Text. Beachten Sie zudem, dass Sie einen Textbeleg nennen müssen, da die Antwort (auch wenn das Kreuz richtig gesetzt ist) sonst nicht gewertet wird. Dies gilt auch für die Falsch/Richtig-Aufgaben. So soll ausgeschlossen werden, dass Sie die Antwort nur erraten haben.*

1. a) Después de salir del colegio,

☐ Nico quiere volver a casa para hacer las tareas domésticas.

☒ Nico quiere hacer una llamada, pero no puede hacerla desde la casa.
Ver l. 4/5: «Repaso [...] casa»

☐ Nico espera al profesor Valdivieso para hablarle.

b) Describe cómo se siente el profesor Valdivieso.

☒ Incómodo.
Ver l. 17: «—Santos [...] mí»

☐ Enojado.

☐ Arrepentido.

		V	F
2. a)	El padre de Nico es partidario del régimen de Pinochet. **Ver l. 24: «Su [...] Pinochet»**	☐	☒
b)	Ha comparado la situación de los chilenos con un antiguo mito griego. **Ver l. 33/34: «Así [...] Platón»**	☒	☐
c)	Un compañero de clase de Nico ha denunciado a su padre. **Ver l. 38/39: «Son [...] rector»**	☒	☐
d)	Nico sabe adónde se han llevado a su padre los militares. **Ver l. 43: «Si [...] cajetilla»**	☐	☒
e)	Nico no se siente ofendido por la sustitución de su padre por el profesor Valdivieso. **Ver l. 46: «No [...] Valdivieso»**	☒	☐
f)	El profesor Valdivieso obtuvo este puesto ganando un concurso de oposiciones. **Ver ll. 50-52: «Es [...] rector»**	☐	☒

Análisis

3. ***Hinweis:*** *Beachten Sie die Zweiteilung der Aufgabenstellung. Charakterisieren Sie zunächst auf Grundlage des Textes den* profesor *Valdivieso. Vergleichen Sie dann die Haltung der beiden im Text genannten* profesores *(Valdivieso und Santos, also Nicos Vater) mit einer Person aus einem anderen Ihnen bekannten Text. Im Rahmen des Schwerpunktthemas „Vivir en tiempos difíciles" bieten sich dafür zum Beispiel die Kurzgeschichten „La Purificación" (José Jiménez Lozano) oder „La lengua de las mariposas" (Manuel Rivas) an. Auch in diesen Erzählungen geht es um Lehrer, die sehr unterschiedliche Ansichten vertreten.*

   El profesor Valdivieso es un hombre joven y ambicioso. Trabajar en el colegio de Nico es para él motivo de orgullo (ver l. 48). Está comprometido con sus estudiantes: piensa que la educación de los niños es muy importante (ver l. 21). A la vez, es un hombre apolítico (ver l. 23). Por su comportamiento con Nico se puede constatar que tiene compasión con el chico y que se siente también un poco culpable. Sin embargo, parece más bien pragmático: «la vida debe seguir adelante» (l. 20/21). Además, se puede decir que no es cobarde, porque habla con Nico para aclarar la situación.
   La actitud del profesor Valdivieso se asemeja a la del profesor Don Celes en «La purificación» de José Jiménez Lozano. En ambos casos se trata de hombres que renuncian a tener ideas políticas propias (en el caso del profesor Valdivieso no se conocen; Don Celes ha sido «purificado»). Lo que ambos quieren es mantener su puesto de trabajo: el profesor Valdivieso ha conseguido el puesto sin concurso oposición; Don Celes ha podido reincorporarse). Es decir, ambos han sabido adaptarse a un sistema autoritario.
   El profesor Santos, por su parte, se puede comparar con el profesor Don Gregorio en «La lengua de las mariposas» de Manuel Rivas. Al contrario que el profesor Valdivieso y Don Celes, el profesor Santos y Don Gregorio no han dejado de creer y luchar por sus ideales, aunque esto signifique la cárcel o la muerte. También se les puede comparar desde el punto de vista del uso de la simbología en los contenidos de sus clases. Don Gregorio expresa su crítica a través de un poema de Antonio Machado (Caín y Abel que representan las dos Españas) y el profesor Santos, de una forma más directa, lo hace a través de la filosofía (la caverna de Platón es la dictadura de Pinochet y los chilenos son los prisioneros, ver ll. 33-36).

   (320 palabras)

Redacción

4. a) ***Hinweis:*** *Bei dieser kreativen Schreibaufgabe können Sie Ihre Fantasie spielen lassen. Gehen Sie jedoch auf die in der Aufgabenstellung geforderten Aspekte* (hablar de lo que ha pasado y del posible futuro del profesor Santos) *ein. Verwerten Sie Informationen, die Sie im Textausschnitt erhalten, und versuchen Sie, sich in die Personen hineinzufühlen.*

PADRE: ¡Nico! ¿Cómo has podido localizarme?

HIJO: El cura te localizó y consiguió esta visita.

PADRE: Entonces el contacto que te di te sirvió de algo y el cura nos ayudó al final. ¿Qué tal en casa?

HIJO: Ya sabes que no me gustan demasiado las tareas domésticas, pero bien.

PADRE: Me lo imagino. ¿Y en el colegio? ¿A quién le han dado mi puesto?

HIJO: Pues tenemos al profesor Valdivieso. Es muy joven y está contento de poder dar clase en nuestro colegio. Me invitó a un café para explicarme por qué había aceptado ser tu sustituto. No es un tipo antipático, pero no se interesa nada por la política, así que ahora la clase no es tan interesante como la tuya. Lo puso el rector sin hacer concurso oposición. Eso le hace sentir mal.

PADRE: Bueno, tenían que dar el puesto a alguien.

NICO: Eso le dije yo. Papá, el profesor Valdivieso me dijo también quién te había delatado.

PADRE: Supongo que alguno de mis alumnos. No te preocupes, era cuestión de tiempo que me encarcelaran por mis ideas políticas. Nico, espero que sepas ser fuerte porque no sé si saldré de aquí…

HIJO: ¿Qué posibilidades hay de que salgas?

PADRE: Todo depende de si me someto a las ideas del régimen. En todo caso nunca más podré dar clase.

HIJO: Supongo que no aceptarás la propuesta. Dar clase es para ti tu vida y no puedes dejar de pensar como lo haces. No es justo.

PADRE: Aunque no tengan derecho, pueden obligarme si quieren. En este país no hay justicia, pero seguro que algún día la habrá. No hay que perder la esperanza, nunca. Prométemelo. *(278 palabras)*

b) ***Hinweis:*** *Interpretieren Sie zunächst das Zitat. Sie können dann zum Beispiel eingehen auf den Fernsehkonsum im Vergleich zum Konsum anderer Medien, auf die Bedeutung des Fernsehens und auf das Problem der neutralen Informationsvermittlung (wie/wozu können Informationen manipuliert werden? Wie wirkt sich eine solche Manipulation aus?).*
Eine andere Möglichkeit: Sie könnten im Rahmen dieser Aufgabe auch auf die Art und Weise eingehen, wie uns das Fernsehen durch seine Filme und Serien eine andere, schönere Welt vorspiegelt, in der man sich verlieren kann. Auch die Themen „Reality TV“ und „Doku-Soaps“ könnten ein Ansatzpunkt sein.
Beschränken Sie sich in jedem Fall auf eine dieser Möglichkeiten. Auf alle Themen einzugehen würde den Rahmen Ihrer redacción *sprengen.*
Vergessen Sie nicht, Ihre persönliche Meinung darzulegen.

La frase del texto nos quiere decir que la televisión manipula claramente la verdad, las noticias de lo que pasa en el mundo (en este caso en Chile). Lo que se cuenta en la televisión a veces se parece muy poco a lo que realmente sucede.
Hoy en día la televisión es el medio de comunicación por excelencia. Desde su aparición ha dejado relegada a la radio o a la prensa escrita a un segundo plano. No solamente vemos la televisión «clásica» en el televisor, sino que también

descargamos vídeos en el ordenador, la tableta o el teléfono inteligente. Los grandes periódicos desde hace mucho han extendido su oferta incluyendo vídeos que «acompañan» las noticias escritas. La información transmitida mediante estas «imágenes en movimiento» es fácil de comprender y nos parece muy auténtica e inmediata. Por eso, mucha gente confía en que la televisión y los vídeos nos muestran las cosas como son, en que dicen la verdad.

Pero hay que tener en cuenta que esta «realidad» a veces es manipulada y deformada. La información es poder, es decir, lo que se diga y cómo se diga afecta a la opinión pública. Manipulando una noticia (o, simplemente, no transmitiéndola) se puede conseguir que la gente piense de una u otra manera sobre un tema o suceso. El objetivo puede ser que un partido gane las elecciones o que alguien se haga popular a pesar de haber hecho algo fuera de la ley, por ejemplo.

Personalmente creo que es necesario que se enseñe a los jóvenes a manejar este medio de comunicación para darse cuenta de cuándo se quiere enviar un mensaje determinado al espectador y se intenta manipularle. La gente en general y los jóvenes en particular, tendríamos que aprender a darnos cuenta y a analizar, comparar y contrastar las noticias. *(301 palabras)*

Baden-Württemberg
Spanisch – Übungsaufgabe 2

«Los girasoles ciegos» de Alberto Méndez

Lorenzo es un niño de siete años. Vive con sus padres en un piso de Orense, Galicia, en la España de la posguerra.

Era tarde y era sábado. El ascensor se detuvo en el tercero. El silencio se transformó en quietud y el cubilete y los dados se quedaron suspendidos en el aire hasta que sonó el timbre.

A mi alrededor comenzó un caos premeditado. Mi padre se fue diligentemente a su armario, mi madre recogió sus fichas del tablero, sólo las suyas, y a mí, que ya estaba en pijama, me acostó en una de las camas de su dormitorio.

Pase lo que pase, hazte el dormido —me dijo.

Recolocó el rosario que ocultaba las bisagras del armario donde se escondía mi padre y, atenta a cualquier desorden, fue a abrir la puerta que estaba aporreando sin misericordia el visitante inoportuno.

La habitación se quedó a oscuras y, cuando mi madre abrió la puerta a los visitantes, el silencio regresó como si nadie lo hubiera ahuyentado, pero fue entonces cuando me acordé de que, con las prisas, no habíamos recogido los papeles de la mesa de mi padre. Ahora lo cuento como si estuviera hablando de una travesuras de un niño ajeno a mí y me resulta imposible, porque el miedo es inefable, describir el tremendo esfuerzo que supuso para aquel niño que tengo en la memoria abrir la puerta del dormitorio procurando no hacer ruido, ir a oscuras hasta la mesa de trabajo donde estaban las cuartillas que mi padre utilizaba para traducir, agruparlas en silencio mientras oía unas voces desabridas que insultaban a mi madre al otro lado del pasillo y, por último, regresar al dormitorio y arrojar los papeles dentro del armario donde se escondía mi padre y su silencio. Lo único que lamenté después de aquello es no poder contar a mis amigos mi proeza.

Desde el verano del año en que acabó la guerra, la policía no había vuelto a registrar la casa de Elena, pero una noche en la que la rutina familiar disimulaba las asperezas del miedo, llegaron cuatro hombres vocingleros al mando de uno más joven, con camisa azul y abrigo de mezclilla, que se ponía en jarra para preguntar y se atusaba el pelo lacio y grasiento mientras esperaba la respuesta. Los otros tres policías se sabían implacables, pero el joven se consideraba un dandi.

A empellones, llevaron a Elena hasta la cocina. Dos de ellos siguieron avanzando por el pasillo y el joven y otro policía que tenía la cara picada de viruela se quedaron junto a ella. Con la pistola sobre la mesa de mármol comenzó un interrogatorio caótico que Elena apenas escuchaba y que resolvía con monosílabos no siempre congruentes con las preguntas porque todos sus sentidos estaban persiguiendo a los dos policías que registraban la casa.

A las preguntas de si era cierto que su marido estaba escondido en Madrid, de si su marido había muerto, de si ella estaba amancebada con un cura, de si su hija era puta en Barcelona, de si no se le apetecía un revolcón con unos hombres de verdad, de si su marido había matado monjas en la guerra, de si era adepta al Movimiento Nacional, a todo esto, contestó que sí.

Sin embargo, contestó que no cuando le preguntaron si sabía que su marido estaba preso en Salamanca, que vivía con una furcia en el sur de Francia, si era adepta al Movimiento Nacional, si sabía quién era el padre de su hijo, si tenía contactos con el Imperio Británico o si pensaba huir a Rusia para reunirse con su marido que era un capitoste del Ejército Rojo.

El interrogatorio y sus respuestas, que hubieran sido distintas de haberse formulado en otro orden, quedó interrumpido cuando uno de los policías que registraban la casa apareció en la puerta de la cocina llevando a Lorenzo arrastrado de una oreja. El niño estaba descalzo y caminaba de puntillas como si quisiera levitar para mitigar el dolor.

—¡Deja a mi hijo en paz! —gritó Elena mientras se abalanzaba a coger a su hijo en brazos.

A partir de ese momento la conversación de los cuatro policías se tejió entre ellos como un juego de obscenidades y procacidades dichas al desgaire mientras recorrían la casa desordenando los armarios, los libros, la vajilla, los juguetes de Lorenzo y todo aquello que pareciera estar en su sitio.

Pero a pesar del tiempo que estuvieron en el dormitorio de Elena comentando las infinitas posibilidades de felicidad que podrían proporcionarles aquellas camas si ella fuera de verdad una mujer, no descubrieron que, tras el rosario de cuentas de madera, había unos goznes que abrían el armario donde estaba escondido un hombre angustiado por si no lograba contener el llanto. *(769 palabras)*

Fuente: Alberto Méndez: «Los girasoles ciegos», Editorial Anagrama, Barcelona, 2004, pp. 124-127

Wortangaben und Erläuterungen:

l. 2	el cubilete:	*Würfelbecher*
l. 4	premeditado/-a:	organizado/-a anteriormente
l. 4	diligentemente:	rápidamente
l. 8	la bisagra:	*Türangel*
l. 9	aporrear:	golpear con fuerza
l. 14	la travesura:	*Streich, Unfug*
l. 15	inefable:	que no se puede explicar con palabras
l. 22	la proeza:	la hazaña *(Heldentat)*
l. 25	vocinglero/-a:	que habla muy alto
l. 26	ponerse en jarra:	(loc.) con las manos en la cintura
l. 26/27	atusarse el pelo:	pasar la mano para peinarse
l. 28	implacable:	*unerbittlich*
l. 29	el dandi:	hombre elegante y refinado
l. 30	la viruela:	*Pocken*
l. 32/33	congruente:	con sentido
l. 36	amancebado/-a:	en relación sin estar casado
l. 41	la furcia:	la putilla
l. 48	levitar:	flotar
l. 53	la procacidad:	la insolencia *(Ungehörigkeit)*
l. 53	al desgaire:	(loc.) con descuido

Comprensión (10 VP Inhalt)

1. ¿Quién narra los acontecimientos en este fragmento de novela? Contesta de manera corta y precisa.

   ____

   ____

2. Complete la frase de manera corta y precisa. Justifique sus respuestas dando la(s) línea(s) del texto.

   a) La reacción de la familia cuando suena el timbre es…

   ____

   b) Lorenzo se levanta de la cama para…

   ____

3. Marque con una cruz (✗) si la frase es verdadera (V) o falsa (F). Justifique sus decisiones dando la(s) línea(s) del texto.

	V	F
a) Es la primera vez que viene la policía a casa de la familia.	☐	☐
____		
b) Los policías amenazan a Elena.	☐	☐
____		
c) Ella escucha atentamente sus preguntas durante el interrogatorio.	☐	☐
____		
d) Los policías quieren humillar y provocar a Elena.	☐	☐
____		
e) Sin embargo, dejan en paz a su hijo.	☐	☐
____		
f) Los policías dejan todo en desorden registrando la casa.	☐	☐
____		
g) No saben dónde está el marido de Elena.	☐	☐
____		

Análisis (10 VP Inhalt / 15 VP Sprache)

4. a) Analice lo ocurrido y la vida de la familia a partir de sus conocimientos sobre la Historia de España.

   b) Compare la situación de la familia con alguna obra literaria que conozca.

Redacción (10 VP Inhalt / 15 VP Sprache)

5. Elija **uno** de los temas siguientes:

   a) Años después la madre de Lorenzo escribe una carta a una amiga sobre esa época. Redacte la carta.

   o

   b) El Día de la Raza es un día festivo celebrado en Hispanoamérica el 12 de octubre. Conmemora el descubrimiento de América por Cristóbal Colón. Desde 2002 su nombre ha cambiado, al igual que su significado: «Día de la Resistencia Indígena», «Día de la Hispanidad», «Día del Respeto a la Diversidad Cultural»... Comente esta decisión teniendo en cuenta la situación de los pueblos indígenas en los países latinoamericanos.

Lösungsvorschläge

Comprensión

Hinweis: Die erste Frage zielt auf das globale Leseverstehen ab. Im Anschluss geht es um Informationen, die Sie bestimmten Textstellen entnehmen können. Diese Textstellen können aus wenigen Wörtern bestehen, manchmal aber auch aus ganzen Textpassagen.

1. En la primera parte es Lorenzo (narrador en primera persona), en la segunda parte un narrador.

2. a) La reacción de la familia cuando suena el timbre es…
   muy organizada/rápida y tranquila/bien ensayada (ver l. 4)

   b) Lorenzo se levanta de la cama para…
   esconder los papeles de su padre (ver ll. 16-20)

3.

		V	F
a)	Es la primera vez que viene la policía a casa de la familia. **Ver l. 23/24: «Desde […] Elena»**	☐	☒
b)	Los policías amenazan a Elena. **Ver l. 31: «Con […] marmol»**	☒	☐
c)	Ella escucha atentamente sus preguntas durante el interrogatorio. **Ver ll. 32-34: «comenzó […] casa»**	☐	☒
d)	Los policías quieren humillar y provocar a Elena. **Ver ll. 35-44: «A […] Rojo»**	☒	☐
e)	Sin embargo, dejan en paz a su hijo. **Ver ll. 46-49: «uno […] dolor»**	☐	☒
f)	Los policías dejan todo en desorden registrando la casa. **Ver ll. 53-55: «recorrían […] sitio»**	☒	☐
g)	No saben dónde está el marido de Elena. **Ver ll. 56-59: «A […] angustiado»**	☐	☒

Análisis

4. a) ***Hinweis:*** *Gehen Sie darauf ein, welcher Epoche der spanischen Geschichte die Handlung des vorliegenden Romanausschnitts zuzuordnen ist. Sie benötigen hierzu Ihr geschichtliches Hintergrundwissen. Belegen Sie Ihre Erkenntnisse anhand des Textes.*

El periodo en el que se desarrolla el fragmento de esta novela es posterior a la Guerra Civil española. El Movimiento Nacional había ganado esta guerra y los hombres que habían defendido a la República fueron perseguidos para ser juzgados. Algunos de ellos huyeron al extranjero, otros optaron por quedarse en el país escondidos. Como en el caso del protagonista del relato, no era raro que se escondieran en sus propias casas en habitaciones secretas.
Hay claros ejemplos en el texto que aluden al periodo en el que transcurre la acción. Por ejemplo, durante el interrogatorio a Elena los policías le preguntan dos veces si apoya al Movimiento Nacional (ver l. 38/39 y 41/42), si su marido es un cargo importante del Ejército Rojo (es decir, comunista) (ver l. 43/44) y si mató monjas durante la guerra (los republicanos estaban en contra de la Iglesia en todas sus representaciones) (ver l. 38). Todo ello indica la orientación política del marido de Elena: es republicano. *(166 palabras)*

b) ***Hinweis:*** *Stellen Sie einen Bezug her zu einem Ihnen bekannten literarischen Werk. Es würde sich zum Beispiel die Kurzgeschichte „Santalla el escapado“ von Pilar Cibreiro anbieten.*

Los acontecimientos narrados en el fragmento de la novela «Los girasoles ciegos» se pueden relacionar con el cuento «Santalla el escapado» de Pilar Cibreiro. En el cuento también hay un hombre que ha huido de la justicia y que vive escondido. A diferencia de la novela, este hombre se encuentra en el monte y nadie sabe dónde está su escondite, ni siquiera su propia familia.
Tanto en el fragmento de «Los girasoles ciegos» como en «Santalla el escapado» se muestra la importancia de la familia para proteger al escapado, cueste lo que cueste. La policía sabe que los hombres son ayudados por sus familias, pero no puede demostrarlo. Por eso, se llega a una situación insostenible. La búsqueda se alarga en el tiempo, haciendo desesperar a los policías. Esta es la razón por la que se vuelven más violentos con las familias de las personas buscadas. En ambos casos, son las mujeres las que más sufren. El acoso, los interrogatorios y la violencia de los policías incluso llega a provocarles la muerte a la madre y la hermana de Santalla. *(180 palabras)*

Redacción

5. a) ***Hinweis:*** *Bei dieser kreativen Schreibaufgabe geht es darum, einen informellen Brief zu verfassen. Halten Sie sich dabei an die formalen Anforderungen (Datum, Anrede, Einleitung, Verabschiedung).*
Die Aufgabenstellung lässt Ihnen viel Freiheit beim Inhalt des Briefes. Berücksichtigen Sie in jedem Fall die Vorgabe, dass der Brief viele Jahre später verfasst wird und die Ereignisse von damals – aus der Perspektive Elenas – wieder aufnimmt.

Orense, 9 de septiembre de 1977

Querida María:

Han pasado muchos años desde que nos despedimos en la estación de tren y tú te fuiste a vivir a Nueva York. Nunca te he contado cómo fueron aquellos días de miedo e incertidumbre que vivimos. Ahora, por fin, puedo hablar libremente.
En aquella época, tuve que mantener una doble vida. Sabes que mi marido había sido un defensor de la República. Después de la derrota, lo buscaron los nacionales. Como ya no era posible huir, se escondió en el armario de nuestro dormitorio, como si estuviera encarcelado en casa. Fue horrible para él, no poder salir de allí, no poder ver el sol, y siempre con miedo. Para mí también fueron años muy difíciles. No solo por el miedo a que lo descubrieran, sino también a que Lorenzo perdiera su infancia. Era muy pequeño, apenas ocho años, pero se comportaba como un hombre. No sé si comprendía la situación en la que vivíamos. Nunca preguntó por qué su padre se escondía en el armario y por qué la policía venía en la noche. Guardó el secreto de que su padre vivía escondido. Si no hubiera sido por Lorenzo, no hubiera podido ser lo suficientemente fuerte para vencer los obstáculos de aquellos años. Tenía miedo, pero intentaba dar un poco de normalidad a la vida cotidiana. Y deseaba muchísimo poder hablar con alguien de mi situación, de mis problemas. Por fin, te lo puedo contar todo.
Conociendo mi gran secreto, quizás puedes comprender también por qué dejé de contestar a tus cartas. No podía contarte la verdad sobre mi vida y mi familia por miedo a que la policía leyera las cartas. Todo lo que te hubiera contado hubiera sido mentira, por eso no te escribía.
Espero que tú estés bien, así como tu familia. Dale muchos recuerdos a tu marido y a tu madre de mi parte.

Te abraza,

Elena *(319 palabras)*

b) ***Hinweis:*** *Kommentieren Sie, welche Auswirkungen Kolumbus' Ankunft in Amerika auf die indigenen Völker hatte. Vor allem sind natürlich die Folgen der Kolonisierung gemeint. Gehen Sie auch auf die heutige Situation der* indígenas *ein und nennen Sie eines oder mehrere Beispiele für ihren Kampf um Anerkennung und Unabhängigkeit, der letztlich auch zur Umbenennung des Feiertags geführt hat.*

En 1942 Cristóbal Colón llegó a América sin saber ciertamente que estaba en un nuevo continente. Colón, al igual que todos los que con él iban, pensaba que habían llegado a las Indias.
El nuevo continente era rico en minerales valiosos como el oro. También había otras riquezas que hicieron que los colonizadores españoles abusaran de los pacíficos habitantes de estas tierras para enriquecer a la corona española. Los españoles impusieron su lengua y su religión a estos pueblos que tenían una cultura y costumbres ricas y arraigadas. Además de exigir riquezas, maltratar y esclavizar a hombres y mujeres, los conquistadores llevaron enfermedades que mataron a un gran número de habitantes del «Nuevo Mundo».
Después de siglos de ocupación, en el siglo XIX nacieron grupos independentistas. Las ganas de independencia y de poder devolver la dignidad a los indígenas se iniciaron en Sudamérica por Simón Bolívar. Las revueltas se extendieron por toda Centroamérica. Ya a mediados del siglo XIX gran parte de América Latina era independiente.
Sin embargo, la situación de los pueblos indígenas en muchos países latinoamericanos siguió siendo mala. Como consecuencia, surgieron movimientos indigenistas para reivindicar sus derechos, buscar la dignidad histórica y mostrar que estaban orgullosos de su cultura (tradiciones, lenguas…). Incluso se produjeron levantamientos armados (por ejemplo la insurrección de Chiapas).
Actualmente, hay incluso un presidente indígena en Bolivia (Evo Morales) y muchos otros que apoyan la causa indígena. Esta es la razón por la que se ha cambiado el nombre del día festivo, para poner de manifiesto que la diversidad cultural es la verdadera riqueza de este continente y para valorar la lucha de su gente para proteger su cultura. Creo que este es el camino para cerrar las heridas y el sufrimiento del pasado. *(290 palabras)*

«El modelo de escuela bilingüe es inclusivo y permite visualizar el respeto y la integración en las dos lenguas»

Por DANIEL TERCERO | 24/02/2013

Ningún estudio internacional o pedagógico avala la inmersión lingüística obligatoria que se aplica en Cataluña. Es un modelo único, tanto por la negativa de la Generalidad a permitir que los padres elijan la educación de sus hijos como por ser el único lugar del mundo —con la excepción de Groenlandia— en el que no se puede estudiar en la lengua oficial del Estado. Para protestar por esto, la Asociación por la Tolerancia aprovecha el Día Internacional de la Lengua Materna para celebrar una jornada sobre bilingüismo y lengua materna.

El problema lingüístico que se vive en España está trufado por tres aspectos que lo convierten en un asunto de Estado. El fanatismo, la política y el dinero rodean todos los conflictos que se han generado —y ahí siguen— en Cataluña, País Vasco, Galicia, Baleares y la Comunidad Valenciana. Los gobiernos autonómicos, en algunos casos, legislan a favor del uso de las lenguas oficiales, pero no cumplen las normas; en otros casos, directamente, aprueban leyes en contra de la libertad de los ciudadanos.

La I Jornada por la Lengua Materna y el Bilingüismo organizada por la Asociación por la Tolerancia se ha celebrado en Barcelona, este sábado, con la participación de las principales entidades que velan por los derechos individuales de los ciudadanos en materia lingüística. El objetivo del acto era claro: poner de manifiesto que en algunos lugares de España, hoy en día, es imposible recibir la educación en la lengua oficial del país, común a todos los españoles y una de las de mayor proyección internacional. [...]

¿Qué es mejor y más justo, la libre elección de lengua vehicular en las escuelas o un modelo bilingüe? En torno a esta pregunta, Mercè Vilarrubias catedrática de Filología inglesa en la Escuela Oficial de Idiomas de Barcelona y autora del libro «Sumar y no restar», y José Manuel Pousada, licenciado en Ciencias Químicas y vicepresidente de Galicia Bilingüe, han debatido y puesto las bases de la defensa de dos modelos distintos y no solo mejores y más justos que la inmersión lingüística obligatoria sino que aplicables en otros países del entorno europeo.

Así, Vilarrubias ha señalado que «el modelo de escuela bilingüe es inclusivo, no resta, y permite visualizar el respeto y la integración en las dos lenguas». Esta sería la opción más ajustada a la realidad, al menos en Cataluña. Una sociedad bilingüe —que no quiere decir que hable los dos idiomas sino que entiende los dos y utiliza el que quiere— requiere de una escuela bilingüe. [...]

«El sistema bilingüe en la escuela es el mejor sistema educativo para crear el mayor número de personas competentes en las dos lenguas oficiales», ha defendido la catedrática. Un argumento irrefutable. [...]

Sin embargo, el modelo escolar en el que dos lenguas conviven con naturalidad no es aceptado por los partidos políticos nacionalistas que controlan la educación en Cataluña. «La situación en Cataluña es muy extrema y se está en una guerra abierta contra el español desde hace mucho tiempo», ha añadido Vilarrubias.

Gales (Reino Unido), Finlandia, Irlanda, Bruselas (Bélgica), algunas regiones de Italia, Eslovenia, Transilvania (Rumanía)... son solo algunos de los lugares de Europa donde los padres pueden escoger la lengua de escolarización de sus hijos. En ningún lugar del mundo —a excepción de Groenlandia— se da lo que ocurre en Cataluña, donde la inmersión lingüística se hace de forma obligatoria y en contra de los padres que piden la escolarización de sus hijos en la lengua oficial del Estado.

En el País Vasco, tal y como ha señalado María Aldecoa, los distintos gobiernos autonómicos se han saltado la norma directamente. En esta Comunidad, la legislación permite la elección de lengua vehicular e incluso permite a los padres apostar por un modelo bilingüe. Sin embargo, Aldecoa ha denunciado que la Consejería de Educación, Política Lingüística y Cultura permite a los centros escolares no ofertar la opción de línea en español (el modelo A), con el eusquera como asignatura lingüística.

(658 palabras)

Fuente: http://www.vozbcn.com/2013/02/24/138405/bilingue-libertad-eleccion-jornada/

Wortangaben und Erläuterungen:

En las líneas 26/27 se habla de dos modelos escolares. Sin embargo, en el texto se debate solo uno de ellos. El segundo modelo no aparece.

l. 1	avalar:	aquí: apoyar
l. 8	trufar:	decir mentiras
l. 12	legislar:	hacer leyes
l. 17	velar:	cuidar, proteger
l. 22	lengua vehicular:	idioma que sirve de comunicación entre personas de diferentes lenguas maternas
l. 31	ajustado:	aquí: parecido
l. 36	irrefutable:	que no se puede contradecir
l. 51	ofertar:	ofrecer

Comprensión (10 VP Inhalt)

1. Marque con una cruz (✗) la(s) frase(s) correcta(s).

- ☐ El autor del texto enfrenta el modelo educativo de la inmersión lingüística al sistema bilingüe.
- ☐ El autor del texto está en contra del modelo educativo de la inmersión lingüística.
- ☐ El autor del texto tiene como objetivo presentar los inconvenientes de la libre elección de la lengua vehicular en las escuelas.

2. Marque con una cruz (✗) la(s) respuesta(s) correcta(s). Justifique sus decisiones dando la(s) línea(s) del texto.

El modelo educativo de Cataluña…

- ☐ es apoyado por estudios internacionales.

  ____

- ☐ niega a los padres el derecho de elegir la educación de sus hijos.

  ____

- ☐ es el único (con una sola excepción) en el que no es posible estudiar en el idioma oficial del país.

  ____

3. Marque con una cruz (✗) si la frase es verdadera (V) o falsa (F). Justifique sus decisiones dando la(s) línea(s) del texto.

	V	F
a) Los gobiernos autonómicos apoyan los idiomas oficiales. ______________________________	☐	☐
b) En la Primera Jornada por la Lengua Materna y el Bilingüismo se expuso la situación del castellano. ______________________________	☐	☐
c) Según la experta, la educación bilingüe corresponde mejor a la situación tal y como es en Cataluña. ______________________________	☐	☐
d) El objetivo de la sociedad bilingüe es que las personas hablen las dos lenguas. ______________________________	☐	☐

V F

e) Cataluña está a favor de la enseñanza bilingüe, pero el catalán tiene más importancia. ☐ ☐

____

f) En el País Vasco, en teoría los estudiantes pueden aprender en español, pero en realidad las escuelas no les ofrecen esta posibilidad. ☐ ☐

____

Análisis (10 VP Inhalt / 15 VP Sprache)

4. Explique los objetivos de los partidarios y de los adversarios de la escuela bilingüe en Cataluña considerando la información dada en los dos textos.

Katalonien: Ein neuer Staat in Europa

03. 11. 2012 | von MARCELA VÉLEZ-PLICKERT (BARCELONA) (Die Presse)

Vor den vorgezogenen Regionalwahlen in Katalonien ist die Stimmung in Spanien aufgeheizt. Neben der tristen Wirtschaftslage hat das Land nun auch mit den Sezessionsbestrebungen des reichen Nordens zu kämpfen.

[....] Am 11. September zogen bis zu eineinhalb Millionen Menschen auf die Straße. Barcelona war in ein gelb-rotes Fahnenmeer getaucht. Regionalpräsident Artur Mas hat daraufhin eine politische Wende vollzogen und sich an die Spitze der Bewegung gestellt. Zuvor forderte er von Madrid lediglich einen „Fiskalpakt“, der Kataloniens Zahlungen senken und ihm Steuerautonomie geben sollte, wie sie aus historischen Gründen das Baskenland genießt. Jetzt strebt Mas, der seit Herbst 2010 eine bürgerlich-nationalistische Regierung anführt, ein Unabhängigkeitsreferendum an. „Das ist jetzt nicht mehr zu stoppen“, sagt er – und verweist auf das Beispiel Schottlands, wo in zwei Jahren über einen eigenen Staat abgestimmt wird.

Während der Franco-Diktatur wurden die katalanische und andere regionale Kulturen unterdrückt. Die Katalanen durften ihre Sprache in Schulen weder sprechen noch lehren. Nach dem Ende der Militärdiktatur 1978 erhielten sie ein Autonomiestatut, das ihnen mehr Eigenständigkeit gewährte. In der Krise fühlen sich die Katalanen jedoch bedroht: Die Zentralregierung unter Mariano Rajoy wolle ihnen Rechte nehmen. Die Klage über eine „Re-Zentralisierung“ ist allgegenwärtig. Bei den vorzeitigen Neuwahlen kann Mas’ Parteienkoalition Convergència i Unió auf Zugewinne hoffen. [...] *(177 palabras)*

Fuente: http://diepresse.com/home/wirtschaft/international/1308410/Katalonien_Ein-neuer-Staat-in-Europa

Redacción (10 VP Inhalt / 15 VP Sprache)

5. Elija **uno** de los temas siguientes:

   a) Imagine que usted es el hijo/la hija de una familia madrileña que se ha ido a vivir a Barcelona para un año. Escriba un mail a un amigo sobre su nueva vida y las dificultades en el instituto.

   o

   b) España es un país muy atractivo para los turistas. La mayoría de ellos proviene de países como Gran Bretaña, Alemania y Francia. Opine sobre las razones de este interés turístico a partir de los conocimientos sobre la evolución que ha vivido el país gracias a los turistas.

Lösungsvorschläge

Comprensión

Hinweis: Beachten Sie, dass in den Aufgaben 1 und 2 mehrere Antworten möglich sind.

1. ☒ El autor del texto enfrenta el modelo educativo de la inmersión lingüística al sistema bilingüe.

   ☒ El autor del texto está en contra del modelo educativo de la inmersión lingüística.

   ☐ El autor del texto tiene como objetivo presentar los inconvenientes de la libre elección de la lengua vehicular en las escuelas.

2. El modelo educativo de Cataluña…

   ☐ es apoyado por estudios internacionales.

   ☒ niega a los padres el derecho de elegir la educación de sus hijos.

   Ver l. 2/3: «tanto […] hijos»

   ☒ es el único (con una sola excepción) en el que no es posible estudiar en el idioma oficial del país.

   Ver ll. 3-5: «el […] Estado»

		V	F
3.	a) Los gobiernos autonómicos apoyan los idiomas oficiales. **Ver l. 11/12: «Los […] normas»**	☐	☒
	b) En la Primera Jornada por la Lengua Materna y el Bilingüismo se expuso la situación del castellano. **Ver ll. 18-21: «El […] país»**	☒	☐

	V	F
c) Según la experta, la educación bilingüe corresponde mejor a la situación tal y como es en Cataluña.	☒	☐

Ver ll. 29-31: «Así [...] Cataluña»

	V	F
d) El objetivo de la sociedad bilingüe es que las personas hablen las dos lenguas.	☐	☒

Ver ll. 31-33: «Una [...] quiere»

	V	F
e) Cataluña está a favor de la enseñanza bilingüe, pero el catalán tiene más importancia.	☐	☒

Ver ll. 37-39: «Sin [...] Cataluña»

	V	F
f) En el País Vasco, en teoría los estudiantes pueden aprender en español, pero en realidad las escuelas no les ofrecen esta posibilidad.	☒	☐

Ver ll. 48-53: «En [...] lingüística»

Análisis

4. ***Hinweis:*** *Hier handelt es sich um eine kombinierte Aufgabe mit Sprachmittlung. Legen Sie die Argumente der Gegner und die der Befürworter eines zweisprachigen Schulsystems in Katalonien dar. Analysieren und strukturieren Sie hierfür die Informationen, die Sie in den beiden vorliegenden Texten erhalten, also im spanischen ebenso wie im deutschen Text.*

En Cataluña existe un modelo de inmersión lingüística de forma obligatoria, es decir, no existe ninguna alternativa educativa que no sea en catalán. Este modelo no es, por tanto, bilingüe, sino que el catalán es la lengua en la que se imparten las clases, dejando al castellano como una asignatura más, a pesar de ser la lengua oficial de todos los españoles. La escuela bilingüe, por su parte, propone que ambas lenguas tengan la misma importancia en las aulas y en la educación.
Los grupos que apoyan este tipo de educación pretenden que el castellano sea también tenido en cuenta en Cataluña, ya que forma parte del territorio español. El castellano es el idioma oficial del país y es un idioma importante a nivel mundial, a diferencia del catalán. Además, en Cataluña no solo viven catalanohablantes, sino también muchas personas que hablan el castellano. Por eso, los seguidores del modelo bilingüe destacan que este corresponde mejor con la realidad en la Comunidad autónoma. Se trata de un sistema inclusivo, es decir, un sistema que no excluye a nadie y que puede fomentar la competencia en dos idiomas a la vez.
El objetivo principal de los adversarios de la educación bilingüe y defensores de la inmersión lingüística es consolidar el idioma y con él su cultura y sus tradiciones. Durante el franquismo los catalanes no podían hablar su lengua ni aprenderla en la escuela. Por eso, hablar catalán es para ellos un importante signo de identidad. Pero hay que tener en cuenta también el trasfondo político de la discusión lingüística. Como los catalanes temen que la crisis económica lleve a una recentraliza-

ción por parte del gobierno en Madrid, a pesar del Estatuto de Autonomía que recibió Cataluña después del fin de la dictadura, salen a la calle para demostrar que están unidos y que quieren ser independientes. Su objetivo es conservar sus derechos, lo que incluye su idioma, aunque eso signifique dejar de ser parte de España. El gobierno catalán apoya con sus normas no solo la inmersión lingüística, sino que también pasó de la reivindicación de la autonomía fiscal a la reivindicación de un referéndum que decida sobre la independencia de Cataluña. *(362 palabras)*

Redacción

5. a) ***Hinweis:*** *In den beiden Texten haben Sie schon einige Informationen zum Unterricht in Katalonien erhalten und auch Ihr Hintergrundwissen wird Ihnen hier weiterhelfen. Stellen Sie sich vor, welche Probleme ein spanischsprachiger Schüler in Barcelona haben könnte und beschreiben Sie, wie es ihm ansonsten im alltäglichen Leben ergeht. Auch bei einer informellen E-Mail sollten Anrede und Verabschiedung nicht fehlen.*

Hola Juan:

¿Qué tal por Madrid? No te imaginas lo que os echo de menos.
Llevamos un mes aquí en Barcelona y ya conozco bastante bien la ciudad. Es una ciudad fantástica. Lo que llevo mal es el idioma. En la calle normalmente no tengo problemas porque la gente habla muy bien español, claro, son bilingües. El problema es en clase. Hace dos semanas empecé el instituto. Mis padres querían que fuera a uno donde las clases se dieran en español y tener el catalán como una asignatura más, como Lengua o Inglés. Sin embargo, aunque buscaron un montón, no encontraron ninguno. ¡Imagínate! ¡Tengo que estudiar en catalán y no sé casi nada de la lengua! Bueno, al menos entiendo algo en clase de castellano ;).
Solo nos quedaremos aquí este curso y después volveremos a Madrid. Por eso, para mí no tiene sentido estudiar en catalán. Tengo miedo de perder el año y tener que repetir curso en Madrid. No creo que pueda entender a los profesores ni escribir en catalán lo suficientemente bien para aprobar las asignaturas. En casa, mis padres buscan una solución para este problema y de momento tengo un profesor particular de catalán.
No entiendo por qué tienen este sistema de «inmersión lingüística» y no existe la posibilidad de elegir la lengua en la escuela. La gente aquí es bilingüe y puede hablar en ambas lenguas o al menos entender las dos, no como yo… Supongo que también es por la situación política que se vive en Cataluña. Es cierto que hay mucha gente que quiere la independencia de España y salen a manifestarse para conseguirla. Pero realmente yo creo que hay también mucha gente a quien le gustaría seguir siendo parte del país.
En fin, ya te contaré cómo me van las cosas por aquí.

Un saludo para todos,

Daniel *(306 palabras)*

b) ***Hinweis:*** *Die Aufgabenstellung umfasst mehrere Aspekte. Erklären Sie zum einen, worin die Anziehungskraft Spaniens für diese Besucher liegen könnte. Gehen Sie zum anderen auf die Entwicklung des Tourismus in Spanien ein, das sich den fremden Besuchern zum Ende des Franquismus' hin aus wirtschaftlichen Gründen öffnete. Sie können zudem die wirtschaftliche Bedeutung des Fremdenverkehrs erläutern oder auf seine Folgen eingehen.*

España es un país que atrae a todo tipo de turismo: desde el de masas al individual. Lo que buscan los turistas es sol y playa por una parte, pero también la cultura de sus ciudades y la variada naturaleza que en él existe.
La mayoría de los turistas procede de países que carecen en parte de alguno de estos atractivos. Los ingleses huyen probablemente del mal tiempo de su país y los alemanes del mismo modo buscan el sol de las playas, la buena gastronomía y todos los pequeños placeres que España ofrece. En el caso de los franceses puede que sea la cercanía geográfica la razón principal por la que visitan el país.
En todo caso, los turistas han sido y siguen siendo uno de los pilares más importantes de la economía española. Todo esto comenzó a finales de la dictadura franquista. La apertura del país al exterior fue una medida necesaria que reactivó la economía. Hizo que las costas se llenaran de gente de lugares lejanos con lenguas y costumbres muy diferentes y que chocaban con la conservadora España de aquellos años. Hoy los lugares turísticos están preparados para ofrecer al visitante todo lo que necesita y en su propio idioma.
No obstante, no todo ha sido beneficio para el país. La naturaleza ha sufrido un claro deterioro. El paisaje costero, por ejemplo, es con frecuencia una línea de edificios altos porque los turistas quieren estar al lado del mar. Muchos lugares turísticos han perdido el encanto de hace cuarenta años. Otro problema es el agotamiento por el abuso de recursos naturales como puede ser el agua. Si hace sol y nunca llueve, es imposible abastecer a miles de personas que invaden un pequeño lugar de la costa.
Desde mi punto de vista, el turismo es fundamental para la economía de un país como España y para ampliar su riqueza cultural. Pero, por otro lado, no se puede olvidar que la naturaleza no tiene recursos ilimitados ni que se puede abusar de ella solo para ganar dinero rápidamente. Sin una naturaleza bien conservada, no existirá más este turismo extranjero. *(350 palabras)*

«El maestro» de Ana María Matute

Don Valeriano es el maestro en un pueblo. Un día estalla la Revolución. Los rebeldes llevan a Don Valeriano consigo porque necesitan un hombre de letras. Juntos entran en el palacio del Duque.

Había llegado, sin embargo, un día, una hora. El polvo, el fuego, girando y girando en torno al polvo y al fuego. Allá abajo ardían los libros y los santos del Duque. Y allí, sobre ellos, en la pared, estaba el gran cuadro fascinante. Levantó los ojos hacia él, una vez más. El cuadro parecía llenarlo todo. «Tal vez, si yo hubiera tenido un cuadro así… o lo hubiera pintado… quizá las cosas hubieran sido de otro modo», se dijo.

—Ahora, todas las cosas van a cambiar —dijo Gregorio—. ¿No bebes?

Tenía sed. No solía beber vino, pero ahora era distinto. Todo era distinto, de pronto. «Acaso le tenía yo miedo al vino…»

En aquel momento subió el Chato, y dijo:

—A ése le toca ahora —y señaló el cuadro.

—No, a ése no —dijo.

—¡Arrea! ¿Por qué?

—Porque no.

El Chato se le acercó:

—¿Pero eres tú de iglesia, acaso…? ¡Pues no la pisabas!

—No soy de iglesia, pero a ése no lo toques.

Gregorio se levantó, curioso. Se inclinó sobre la plaquita dorada del marco, deletreando torpemente. Y de improviso soltó la risa:

—¿No quieres que lo toque porque pone aquí: EL MAESTRO?

Sin saber cómo, le venía a la memoria una Cruz grande que sacaban cuando la sequía, tambaleándose sobre los campos. Un hombre llagado y lleno de sangre, y los cánticos de las viejas: «Dulce Maestro, Ten Piedad…». Era horrible, con su sangre y sus llagas. Pero no era por eso.

No, aunque allí pusiera —que bien lo sabía él, desde el tiempo en que lo miraba por la ventana— aunque allí dijera: EL MAESTRO.

Se estremeció, como cuando bajaba al río, con el viento. Y el hombre del cuadro estaba allí, también; tan inmensa, tan grandemente solo, con su mano levantada. Su cara pálida y delgada, los largos cabellos negros, los ojos oscuros que miraban siempre, siempre, se pusiera uno donde se pusiera…

—¿Porque eres tú también el maestro? —reía Gregorio, sirviéndose más vino del Duque. Él pensó: «¿Maestro? ¿Maestro de qué?».

Y entonces los vio, a los dos. Estaban los dos, El Chato y Gregorio, mirándole como las larvas de hombre, allí en la escuela húmeda. Con aquellos mismos ojos, cuando él decía: «La tierra gira alrededor del sol…». Ah, las burlas. Los incrédulos ojos campesinos, la gran inutilidad de las palabras. NECESITO GENTE COMO TÚ. Había estado soñando un día entero, un día entero.

—Dame anís... ¿No hay, acaso?

No, no había. Sólo vino. El Chato sacó un cuchillo y rasgó el cuadro de arriba abajo.

Tan tranquilo como cuando decía, sin un asomo de alegría: «Ja, ja, ja»; igual de tranquilo echó mano al fusil de Gregorio y le descerrajó a El Chato un tiro en el vientre. El Chato abrió la boca y, muy despacio, cayó de rodillas, mirándole, mirándole. Como una víbora, Gregorio saltó. Le detuvo, encañonándole. Y, de nuevo, aquellos ojos se le enfrentaban: los unos, moribundos, los otros, inundados de asombro, de ira, de miedo. Y gritó:

—¿No entendéis? ¿Es que no entendéis nada?

Gregorio hizo un gesto: tal vez quiso echar mano de una de aquellas dos granadas que exhibía puerilmente. (Como los muchachos con sus botes con lagartijas, renacuajos, endrinas; como los muchachos que no entienden, y están precozmente cansados, y nada quieren saber del sol y la tierra, de las estrellas y la niebla, del tiempo, de las matemáticas; como los muchachos que martirizan al diablo en los murciélagos, y arrojan piedras al maestro, escondidos en los zarzales; como los muchachos que ponen trampas, y hacen caer, y se burlan, y se ríen, y gimen bajo la vara; y queman el tiempo, la vida, el hombre todo, la esperanza...) Como ellos, allí estaban de nuevo frente a él los ojos de clavo, la mirada de negro asombro, salida de otro grande e interminable asombro que él no podía desvelar. Y dijo:

—Y toma tú, también, y dame las gracias.

Disparó contra Gregorio una, dos, tres veces. Arrojó el fusil, bajó la escalera y por la puerta de atrás, salió al campo. En medio de un grito solitario, escapó, huyó, huyó. Como había deseado huir, desde hacía casi veinticinco años. *(695 palabras)*

Fuente: Ana María Matute: «El maestro» en Ignacio Martínez de Pison: «Partes de la guerra», Editorial RBA, 2009, pp. 50-52

Wortangaben und Erläuterungen:

introducción	el duque:	*Herzog*
l. 19	torpemente:	con dificultad
l. 22	tambalearse:	moverse de un lado a otro, pareciendo que va a caer
l. 22	llagado /-a:	con llagas *(Geschwüre)*
l. 27	estremecerse:	sentir temor momentáneo o sobresalto en el ánimo
l. 42	el fusil:	un arma de fuego
l. 42	descerrajar:	(col.) disparar con un arma de fuego
l. 44	encañonar:	apuntar con un arma, dirigir un arma contra alguien
l. 49	puerilmente:	como un niño
l. 49	la lagartija:	*Eidechse*
l. 49/50	el renacuajo:	*Kaulquappe*
l. 50	la endrina:	ciruela silvestre
l. 52	el murciélago:	*Fledermaus*
l. 53	el zarzal:	arbusto espinoso *(Dornbusch)*
l. 54	la vara:	un palo largo y delgado

Comprensión (10 VP Inhalt)

1. Lea el texto y marque con una cruz (✗) la respuesta correcta. Justifique sus decisiones dando la(s) línea(s) del texto.

	V	F
a) En el palacio lo que más le interesaba a Don Valeriano era el cuadro.	☐	☐
____		
b) El maestro era un hombre poco religioso.	☐	☐
____		
c) A Gregorio y a El Chato el cuadro les recordaba un motivo religioso.	☐	☐
____		
d) Don Valeriano no quería que destruyeran el cuadro porque era un maestro como él.	☐	☐
____		
e) Gregorio y El Chato habían sido sus alumnos.	☐	☐
____		
f) En el pueblo se respetaba y admiraba los conocimientos del maestro.	☐	☐
____		
g) Cuando El Chato rompió el cuadro fue motivo de alegría para don Valeriano.	☐	☐
____		
h) Gregorio mató a El Chato para castigarlo.	☐	☐
____		
i) Gregorio le recuerda a Don Valeriano a todos los chicos que ha enseñado inútilmente.	☐	☐
____		
j) Gregorio quiere fusilar a Don Valeriano, pero este huye al campo.	☐	☐
____		

Análisis (10 VP Inhalt/15 VP Sprache)

2. Compare a Don Valeriano con algún personaje de una obra literaria que conozca: su actitud frente a su profesión y a sus alumnos.

Redacción (10 VP Inhalt/15 VP Sprache)

3. Elija **uno** de los temas siguientes:
   a) Don Valeriano tiene que responder ante la ley por sus actos. Explica a su abogado en una carta las razones por las que reaccionó de ese modo y cómo se siente ahora. Redacte la carta.

   o

   b) Actualmente, los jóvenes españoles salen más al extranjero que antes. Opina sobre esta afirmación a partir de tus conocimientos sobre el tema.

Lösungsvorschläge

Comprensión

1. ***Hinweis:*** *Der Stil von Ana María Matute ist anspruchsvoll, aber Sie sind damit durch ihre Erzählung „El hermoso amanecer“, die zum literarischen Schwerpunktthema „Vivir en tiempos difíciles“ gehört, bereits vertraut.*
Lesen Sie den Text einmal sorgfältig durch. Suchen Sie dann zum Lösen der Verständnis-Aufgabe im Text nach Schlüsselwörtern, die Ihnen helfen können. Achten Sie zum Beispiel auf Begriffe, die auch in der Aufgabenstellung vorkommen, oder auf Wörter aus der gleichen Familie, auf Synonyme oder Antonyme. Bei Teilaufgabe 1 a könnten Sie zum Beispiel suchen nach „cuadro“, „pintura“ oder „obra“ in Verbindung mit „interesar“, „gustar“ oder „fascinar“; bei Teilaufgabe 1 b nach „religioso“, „religión“, „iglesia“, „Dios“ etc.

	V	F
a) En el palacio lo que más le interesaba a Don Valeriano era el cuadro. **Ver ll. 2-4: «Y [...] todo»**	☒	☐
b) El maestro era un hombre poco religioso. **Ver l. 17: «No [...] iglesia»**	☒	☐
c) A Gregorio y a El Chato el cuadro les recordaba un motivo religioso. **Ver l. 21-23: «Sin [...] Piedad»**	☐	☒
d) Don Valeriano no quería que destruyeran el cuadro porque era un maestro como él. **Ver l. 24: «No [...] eso»**	☐	☒
e) Gregorio y El Chato habían sido sus alumnos. **Ver l. 33/34: «Y [...] húmeda»**	☒	☐
f) En el pueblo se respetaba y admiraba los conocimientos del maestro. **Ver l. 35/36: «Ah [...] palabras»**	☐	☒
g) Cuando El Chato rompió el cuadro fue motivo de alegría para don Valeriano. **Ver l. 41: «Tan [...] alegría»**	☐	☒
h) Gregorio mató a El Chato para castigarlo. **Ver l. 42/43: «echó [...] vientre»**	☐	☒

	V	F
i) Gregorio le recuerda a Don Valeriano a todos los chicos que ha enseñado inútilmente.	☒	☐

Ver ll. 49-57: «Como [...] desvelar»

j) Gregorio quiere fusilar a Don Valeriano, pero este huye al campo.	☐	☒

Ver l. 59/60: «Disparó [...] campo»

Análisis

2. ***Hinweis:*** *Als Vergleichsmöglichkeiten bieten sich hier Don Gregorio aus „La lengua de las mariposas" von Manuel Rivas und/oder Don Celes aus „La purificación" von José Jiménez Lozano an. Legen Sie dar, welche Gemeinsamkeiten und Unterschiede sich in der Haltung von Don Gregorio, Don Celes und Don Valeriano gegenüber ihrem Beruf und ihren Schülern zeigen.*

Don Valeriano se podría comparar p. ej. con Don Gregorio en el cuento de Manuel Rivas «La lengua de las Mariposas» o con Don Celes en «La purificación» de José Jiménez Lozano. Todos son maestros de pueblo que se enfrentan de una u otra manera a un conflicto (la Guerra Civil). Pero mientras que Don Valeriano ha perdido la esperanza y el respeto por su profesión, Don Gregorio ama ser profesor y le importa la relación con sus alumnos. Siente la necesidad de compartir y llevar ciencia a la escuela del pueblo (p. ej. espera el microscopio para ver la lengua de las mariposas). En cambio, Don Valeriano ve en los ojos de sus alumnos y de los habitantes del pueblo solo la ignorancia y la incredulidad de sus semejantes. No es respetado por la gente del pueblo (ver ll. 35/36). Don Celes también ama su profesión, hasta el punto de dejar sus creencias políticas a un lado y ofrecer sumisión para poder conservar su puesto de trabajo.

Otro punto para comparar a los tres profesores sería el trato a los alumnos. Al contrario que los maestros de las dos obras literarias mencionadas, Don Valeriano usa la fuerza de la violencia (ver l. 54). Paralelamente siente un desprecio absoluto por ellos (los llama «larvas de hombre», l. 34).

Como último punto, se puede mencionar que en los tres casos las ideas políticas de los personajes son similares. Están en contra de los ricos y poderosos. Cada uno ha afrontado sus ideales de diferente manera: Don Gregorio no lo oculta directamente, no es oficial, pero se sabe; Don Celes ha sido «purificado» y Don Valeriano parece haber olvidado sus ideales en los últimos 25 años hasta que llegaron los rebeldes y le dijeron que le necesitaban. *(297 palabras)*

Redacción

2. a) ***Hinweis:*** *Halten Sie sich an die formalen Anforderungen beim Schreiben eines Briefes (Anrede, Verabschiedung). Im Spanischen folgt auf die Anrede ein Doppelpunkt und das nächste Wort beginnt mit einem Großbuchstaben. Erklären Sie in Ihrem Brief aus Don Valerianos Perspektive, wie es möglich war, dass er sich zu solchen Taten hinreißen ließ. Berücksichtigen Sie dabei seine allgemeine Frustration, seine anfängliche Begeisterung darüber, bei der Revolution dabei zu sein („Había estado soñando un día entero", Z. 37) und seine Faszination für das große Gemälde im Palast. Erklären Sie zudem in einem einleitenden Satz, aus welchem Grund Sie diesen Brief verfassen, und schließen Sie mit einem Appell.*

Estimado Señor:

Seguramente ya conocerá los acontecimientos ocurridos por la información de los guardias que me capturaron en el campo. Como la exposición de lo ocurrido no será muy favorable para mí, le escribo esta carta para que comprenda mejor mis actos.
Yo fui maestro en la escuela de este pueblo perdido en el campo. Alejado, aislado de toda ciencia y del desarrollo del mundo. No soy hombre de iglesia, pero sí de letras y libros. Cuando llegué al pueblo, vine con todos mis deseos y ganas de educar a los campesinos de este lugar. Quería enseñar a los niños todo lo que había aprendido en mis años de estudio.
Lo que me encontré durante este tiempo fue a campesinos incrédulos ante la ciencia, pero con creencias populares sin fundamento científico. ¡Que los murciélagos son los demonios! ¿Cómo pueden creer eso y no creer que la tierra gira? Mis alumnos eran muchachos que no querían que les enseñasen nada nuevo, no querían aprender, no respetaban al maestro, al saber.
Por un momento, por un día, pensé que las cosas podían ser diferentes. Era una revolución, el cambio. Entramos en el palacio del Duque. Entonces fue cuando el Chato quiso destruir aquel cuadro que tantas veces había mirado por la ventana. En ese momento una fuerza interior me hizo disparar a los hombres, con la tranquilidad que me caracterizaba. Reaccioné de este modo porque me di cuenta de que era lo único que podía hacer. Con este gesto les quise liberar de su vida sin esperanza, sin respeto al conocimiento, sin valor… una vida sin sentido.
Después de matar a los hombres me sentí libre. Huí de aquel lugar como quería haber hecho desde que llegué, desde hacía veinticinco años de mi vida.
Espero que comprenda ahora mejor mis razones para haber actuado así y deseo que mi carta le sirva para preparar mi defensa con mayor facilidad.

Reciba un cordial saludo,

Valeriano Cortés

(323 palabras)

b) ***Hinweis:*** *Sie benötigen für diese Aufgabe etwas Hintergrundwissen zur politischen und sozialen Situation in Spanien: Die Arbeitslosigkeit ist vor allem unter den jungen Spaniern sehr hoch. Dieser Mangel an Perspektiven und die Unzufriedenheit mit der politischen Führung des Landes bewegen viele Spanier dazu, ihr Glück anderswo zu versuchen.*

La afirmación que se presenta es debida a la situación económica que está viviendo actualmente España. El país está sufriendo las consecuencias de la crisis. Miles de puestos de trabajo han sido eliminados, muchos españoles están en paro y para los que aún tienen un trabajo, las condiciones laborales muchas veces son precarias.
La crisis en el mercado laboral afecta sobre todo a los jóvenes. El paro juvenil en España es superior al 50%, es decir, más de la mitad de los jóvenes no tiene trabajo. Y en el caso de que encuentren un puesto de trabajo, el sueldo será demasiado bajo proporcionalmente a las horas que trabajen. Muchas veces no da ni para vivir, por lo que no pueden independizarse de casa de sus padres. Por eso, los españoles son los jóvenes que más tarde se independizan de toda Europa.
Las alternativas que se ofrecen en el extranjero son muy atractivas para estos jóvenes que se han formado mucho y bien, que hablan idiomas y que quieren trabajar en lo que han estudiado. Algunos países como Alemania han mostrado interés en contratar a profesionales españoles, sobre todo a ingenieros, para cubrir la falta que existe en algunos sectores de la industria.
Estas son las razones por las que muchos jóvenes españoles hacen las maletas y se van a Alemania o a cualquier otro lugar que les ofrezca una oportunidad. La mayoría piensa que solo es por un tiempo limitado y que volverán a casa con mucha experiencia y ganas de poner en práctica lo aprendido fuera.

(257 palabras)

Prüfungsaufgaben

PAULA. ¡Te casas, Dionisio!

DIONISIO. Sí. Me caso, pero poco…

PAULA. ¿Por qué no me lo dijiste…?

DIONISIO. No sé. Tenía el presentimiento de que casarse era ridículo… ¡Que no me debía casar…! Ahora veo que no estaba equivocado… Pero yo me casaba, porque yo me he pasado la vida metido en un pueblo pequeñito y triste y pensaba que para estar alegre había que casarse con la primera muchacha que, al mirarnos, le palpitase el pecho de ternura… Yo adoraba a mi novia… Pero ahora veo que en mi novia no está la alegría que yo buscaba… A mi novia tampoco le gusta ir a comer cangrejos frente al mar, ni ella se divierte haciendo volcanes en la arena… Y ella no sabe nadar… Ella, en el agua, da gritos ridículos… Hace así: «¡Ay! ¡Ay! ¡Ay!» Y ella sólo ama cantar junto al piano *El pescador de perlas*. Y *El pescador de perlas* es horroroso, Paula. Ella tiene voz de querubín, y hace así: *(Canta.)* Tralaralá… piri, piri, piri, piri… Y yo no había caído en que las voces de querubín están llenas de vanidad y que, en cambio, hay discos de gramófono que se titulan «Ámame en diciembre lo mismo que me amas en mayo» y que nos llenan el espíritu de sencillez y de ganas de dar saltos mortales… Yo no sabía tampoco que había mujeres como tú, que al hablarnos no les palpita el corazón, pero les palpitan los labios en un constante sonreír… Yo no sabía nada de nada. Yo sólo sabía pasear silbando junto al quiosco de la música… Yo me casaba porque todos se casan siempre a los veintisiete años… Pero ya no me caso, Paula… ¡Yo no puedo tomar huevos fritos a las seis y media de la mañana…!

PAULA. *(Ya sentada.)* Ya te ha dicho ese señor del bigote que los harán pasados por agua…

DIONISIO. ¡Es que a mí no me gustan tampoco pasados por agua! ¡A mí sólo me gusta el café con leche, con pan y manteca! ¡Yo soy un terrible bohemio! Y lo más gracioso es que yo no lo he sabido hasta esta noche que viniste tú…, y que vino el negro…, y que vino la mujer barbuda… Pero yo no me caso, Paula. Yo me marcharé contigo y aprenderé a hacer juegos malabares con tres sombreros de copa…

PAULA. Hacer juegos malabares con tres sombreros de copa es muy difícil… Se caen siempre al suelo…

DIONISIO. Yo aprenderé a bailar como bailas tú y como baila Buby…

PAULA. Bailar es más difícil todavía. Duelen mucho las piernas y apenas gana uno dinero para vivir…

DIONISIO. Yo tendré paciencia y lograré tener cabeza de vaca y cola de cocodrilo…

PAULA. Eso cuesta aún más trabajo… Y después, la cola molesta muchísmo cuando se viaja en el tren… *(DIONISIO va a sentarse junto a ella.)*

DIONISIO. ¡Yo haré algo extraordinario para poder ir contigo!… ¡Siempre me has dicho que soy un muchacho muy maravilloso!…

PAULA. Y lo eres. Eres tan maravilloso, que dentro de un rato te vas a casar, y yo no lo sabía…

DIONISIO. Aún es tiempo. Dejaremos todo esto y nos iremos a Londres…

PAULA. ¿Tú sabes hablar inglés?

DIONISIO. No. Pero nos iremos a un pueblo de Londres. La gente de Londres habla inglés porque todos son riquísimos y tienen mucho dinero para aprender esas tonterías. Pero la gente de los pueblos de Londres, como son más pobres y no tienen dinero para aprender esas cosas, hablan como tú y como yo… ¡Hablan como en todos los pueblos del mundo!… ¡Y son felices!…

PAULA. ¡Pero en Inglaterra hay demasiados detectives!…

DIONISIO. ¡Nos iremos a La Habana!

PAULA. En La Habana hay demasiados plátanos…

DIONISIO. ¡Nos iremos al desierto!

PAULA. Allí se van todos los que se disgustan, y ya los desiertos están llenos de gente y de piscinas.

DIONISIO. *(Triste.)* Entonces es que tú no quieres venir conmigo.

PAULA. No. Realmente yo no quisiera irme contigo, Dionisio…

DIONISIO. ¿Por qué?

(Pausa. Ella no quiere hablar. Se levanta y va hacia el balcón.)

PAULA. Voy a descorrer las cortinas del balcón. *(Lo hace.)* Ya debe de estar amaneciendo… Y aún llueve… ¡Dionisio, ya han apagado las lucecitas del puerto! ¿Quién será el que las apaga?

DIONISIO. El farolero.

PAULA. Sí, debe de ser el farolero.

DIONISIO. Paula…, ¿no me quieres?

PAULA. *(Aún desde el balcón.)* Y hace frío…

DIONISIO. *(Cogiendo una manta de la cama.)* Ven junto a mí… Nos abrigaremos los dos con esta manta… *(Ella va y se sientan los dos juntos, cubriéndose las piernas con la manta.)* ¿Quieres a Buby?

PAULA. Buby es mi amigo. Buby es malo. Pero el pobre Buby no se casa nunca… Y los demás se casan siempre… Esto no es justo, Dionisio…

DIONISIO. ¿Has tenido muchos novios?

PAULA. ¡Un novio en cada provincia y un amor en cada pueblo! En todas partes hay caballeros que nos hacen el amor… ¡Lo mismo es que sea noviembre o que sea en el mes de abril! ¡Lo mismo que haya epidemias o que haya revoluciones… ¡Un novio en cada provincia…! ¡Realmente es muy divertido…! Lo malo es, Dionisio, lo malo es que todos los caballeros estaban casados ya, y los que aún no lo estaban escondían ya en la cartera el retrato de una novia con quien se iban a casar… Dionisio, ¿por qué se casan todos los caballeros…? ¿Y por qué, si se casan, lo ocultan a las chicas como yo…? ¡Tú también tendrás ya en la cartera el retrato de una novia…! ¡Yo aborrezco las novias de mis amigos…! Así no es posible ir con ellos junto al mar… Así no es posible nada… ¿Por qué se casan todos los caballeros…?

DIONISIO. Porque ir al fútbol siempre, también aburre. *(960 palabras)*

Fuente: Miguel Mihura, Tres sombreros de copa. Barcelona 1998 (Vicens Vives)

I. Comprensión (220–330 palabras)

1. Según este texto, ¿por qué ya no quiere casarse Dionisio con Margarita?
   (Mínimo 140 palabras) (9 Punkte)

2. ¿Qué información sobre la vida de Paula nos da este pasaje?
   (Mínimo 80 palabras) (6 Punkte)

Für die folgenden Aufgaben beachten Sie bitte, dass entweder Teil II (Análisis y comentario) oder Teil IV (Versión) zu bearbeiten ist.

II. Análisis y comentario (150–220 palabras)

Elija **uno** de los temas siguientes:

1. ¿Qué rasgos del carácter de Dionisio nos muestra este texto? Describa también otros rasgos que aparecen en la obra e ilústrelos con ejemplos.

o

2. Describa y explique la reacción de Paula frente a Dionisio en este texto.
   Compárela con otros momentos de la relación entre ambos. (10 Punkte)

III. Redacción (200–250 palabras)

Elija **uno** de los temas siguientes:

1. Tres sombreros de copa – ¿una comedia o una tragedia? Busque argumentos para defender ambas posiciones. Diga su posición y justifíquela.

o

2. Presente brevemente a un famoso personaje hispanoamericano real de la historia o de la actualidad. Hágale una entrevista.

o

3. De la plaza San Juan de la Cruz en Madrid fue retirada una estatua de Francisco Franco en la madrugada del 17 de marzo de 2005. Unas horas más tarde fue tomada esta fotografía. Descríbala. Explique y comente la actitud de estas personas. (10 Punkte)

Plaza San Juan de la Cruz, Madrid, 17 de marzo de 2005 (http://www.20minutos.es)

Sprachrichtigkeit (Teil I + II + III / Teil I + III)	35 Punkte / 30 Punkte
Ausdrucksvermögen	10 Punkte

IV. Versión

(15 Punkte)

Bitte beachten Sie, dass entweder Teil II (Análisis y comentario) oder Teil IV (Versión) zu bearbeiten ist.

El humor es un capricho, un lujo, una pluma de perdiz que se pone en el sombrero; un modo de pasar el tiempo. El humor verdadero no se propone enseñar o corregir, porque no es ésta su misión. Lo único que pretende el humor es que, por un instante, nos salgamos de nosotros mismos, nos marchemos de puntillas a unos veinte metros y demos una vuelta a nuestro alrededor contemplándonos por un lado y por otro, por detrás y por delante, como ante los tres espejos de una sastrería, y descubramos nuevos rasgos y perfiles que no conocíamos.

El humor es [...] comprender que todo tiene un revés, que todas las cosas pueden ser de otra manera, sin querer por ello que dejen de ser tal como son, porque esto es pecado y pedantería. El humorismo es lo más limpio de intenciones, el juego más inofensivo, lo mejor para pasar las tardes. Es como un sueño inverosímil que al fin se ve realizado. *(162 palabras)*

Fuente: Miguel Mihura en: Miguel Mihura, Teatro Completo, Madrid 2004 (Cátedra)

Wortangaben:

l. 1 la perdiz – Rebhuhn

l. 10 el humorismo – aquí se puede traducir con: el humor

Lösungsvorschläge

I. Comprensión

1. ***Hinweis:*** *Ausgehend von dem gewählten Textausschnitt – dem zentralen Dialog zwischen Paula und Dionisio im 3. Akt – sollen Sie Motive für Dionisios Sinneswandel nennen, weshalb er Margarita, seine Verlobte, am nächsten Tag nicht mehr heiraten will. Die entsprechenden Textabschnitte sind im Wesentlichen die Zeilen 1–29, aber auch die Zeile 82.*

Dionisio dice que presentía que era ridículo casarse. Antes, quería casarse como todos los demás porque era lo normal casarse a los veintisiete años. También reconoce que casándose quería salir de la triste monotonía de su vida y estar alegre, porque «ir al fútbol siempre, también aburre» (l. 82). Confiesa que adoraba a su novia, Margarita, quien era la primera muchacha en su vida y no sabía que había mujeres como Paula. Pero «ahora» (l. 5 y l. 8) se da cuenta de que no «sabía nada de nada» (l. 19) hasta conocer a Paula y a las artistas del *music-hall*. Por consiguiente, tiene que admitir la primera desilusión: en Margarita no está la alegría buscada (l. 9). Segundo, él tiene poco en común con ella, ya que a ella no le gusta ir a comer cangrejos, ni se divierte jugando en la playa por no saber nadar y tener miedo al agua. Lo que a ella le gusta es cantar canciones ridículas (ll. 9–14). Por último, como Dionisio ha conocido con Paula otra forma de vida, quiere ser «bohemio» (l. 26) porque le da asco comer «huevos fritos a las seis y media de la mañana» (l. 21/22). Ya no le gusta la vida que le espera y dice estar dispuesto a huir con Paula. *(218 palabras)*

2. ***Hinweis:*** *Bei dieser Aufgabe handelt es sich um eine kurze (Eigen-)Charakterisierung von Paula mithilfe der Informationen zu ihrem Leben, wie sie es selbst in dieser Szene darstellt.*
Die entsprechenden Textabschnitte sind v. a. die Zeilen 30–34 und 69–82.

Paula es bailarina en el ballet de Buby Barton. Dice que es un trabajo muy duro y que muchas veces le duelen las piernas. El dinero que gana es muy poco y no le alcanza para vivir (l. 33/34). Las condiciones de trabajo son muy malas; pero su jefe Buby, aunque es malo, es su amigo, porque «no se casa nunca» (l. 69). Paula se siente sola a pesar de tener «un novio en cada provincia y un amor en cada pueblo» (l. 72). Por viajar mucho durante todo el año, está desarraigada. Si antes ella no quería casarse, ahora se queja de que los hombres no son sinceros con ella, porque la mayoría de ellos ya están casados, pero se lo ocultan para divertirse con ella (ll. 75–79). Al final, admite que siente envidia de las novias de estos «caballeros» porque «así no es posible nada» (l. 80/81). Termina en un tono muy triste y sentimental. *(161 palabras)*

II. Análisis y comentario

1. ***Hinweis:*** *In dieser Aufgabe sollen Sie Dionisio, zuerst ausgehend von dieser Textstelle, charakterisieren. Nehmen Sie danach das gesamte Werk in den Blick und belegen Sie die Charakterisierung mit Beispielen.*

Paula ha descubierto que Dionisio sí tiene novia desde hace siete años y que, de hecho, la boda es para el día siguiente. Entonces, mintió al negar tener novia. Cuando Paula le pide cuentas a Dionisio, éste reacciona como un niño, llorón, admitiendo que va a casarse, «pero poco» (l. 2). Esta respuesta absurda muestra que no quiere asumir la responsabilidad de su vida. Dionisio sigue defendiéndose opinando que es ridículo casarse, utilizando el argumento de Paula en la conversación anterior sobre el matrimonio. Es indeciso y carece de ideas propias, está confuso en sus sentimientos. Primero quería a su novia Margarita, llamándola, por ejemplo, «una santa» o «un ángel». Pero, en la manera como la trató por teléfono, se veía que sus sentimientos eran superficiales. Ahora, después de conocer otro mundo, en la noche previa a la boda, cree querer a Paula. Se burla de Margarita imitándola para complacer a Paula (l. 11; l. 13/14). Pero también es insustancial la relación con Paula, porque, al conocerse, adoptó una falsa identidad haciéndose pasar por Antonini. En la segunda parte de este texto, Dionisio quiere aprender la profesión de artista para quedarse con Paula. Dice que quiere escapar con ella a Londres, a La Habana, al desierto…, revelando otra vez su ingenuidad, porque son irrealistas y absurdas todas sus propuestas.
Al examinar la obra entera, Dionisio se muestra tímido y débil de carácter, como cuando no se atreve a coger el teléfono por cobardía. No tiene voluntad propia, sino que reacciona de mala gana; acepta la invitación a la fiesta nocturna, se emborracha, aunque no lo quería. Es cortés, tiene buena educación, casi nunca contradice a nadie. Es obediente, a veces incluso sumiso, como en la conversación con Don Sacramento. Acepta los sombreros de copa, aunque no le quedan bien, para asimilarse al mundo burgués. *(305 palabras)*

2. ***Hinweis:*** *Hier sollen Sie die Reaktion von Paula, wiederum auf der Grundlage dieser Textstelle, beschreiben und erklären und sie im zweiten Schritt mit anderen Beispielen des Verhältnisses zwischen Paula und Dionisio in Verbindung bringen. Achtung: Sie sollen hier keine Charakterisierung verfassen.*

Paula reacciona con tristeza al descubrir que Dionisio va a casarse. Su pregunta «¿Por qué no me lo dijiste…?» (l. 3) muestra su desilusión por la mentira de Dionisio. Después de escuchar la larga explicación de Dionisio, se sienta, habla muy poco, contesta con frases breves, a veces con ironía. Se puede distinguir cierta amargura cuando Dionisio le repite la afirmación suya de que él es «un muchacho maravilloso» (l. 39). Se ha equivocado pensando que él no es como los demás caballeros.
Se muestra muy realista al rechazar todos los irrealizables proyectos de Dionisio. Habla en un tono serio, sin la alegría desbordante de la escena cuando querían ir juntos a la playa a pasárselo bien, mirando el amanecer. Ahora, a la luz del día,

rompe con él, poniendo fin a la aventura de la noche. En un acto decidido, se levanta y va hacia el balcón para descorrer las cortinas. Evita responderle a la pregunta de Dionisio de si lo quiere, pero, al final, de manera muy sarcástica, dice que al menos Buby, por muy malo y agresivo que sea, es su amigo, es decir, que se puede confiar en él porque «no se casa nunca» (l. 69).
Al examinar la obra entera, la relación entre Dionisio y Paula estaba basada en malentendidos y mentiras, pero, en evadir la realidad, ambos parecían al mismo nivel. Poco antes, soñaban, jugaban, como si estuvieran en un mundo aparte, idílico, onírico e irreal. Pero la realidad se les cae encima, y la caída es tremenda. Paula comprende la incapacidad de Dionisio y siente lástima por él. Mucho más madura y superior a Dionisio, de ahora en adelante, Paula adopta una actitud maternal con él, estimulándolo a seguir el camino trazado. *(289 palabras)*

III. Redacción

1. ***Hinweis:*** *Hier handelt es sich um eine gattungsspezifische Fragestellung, die noch einmal vom literarischen Schwerpunktthema ausgeht: „Tres sombreros de copa" – Komödie oder Tragödie? Dazu sollten Sie zuerst Merkmale einer typischen Komödie bzw. Tragödie benennen und auf ihre Anwendbarkeit auf „Tres sombreros de copa" überprüfen. In einem weiteren Sinne kann die eigentlich sehr strenge klassische Dramendefinition ausgedehnt werden auf sog. „komische" bzw. „tragische" Elemente im Stück.*

Los rasgos caracterizadores de una comedia son: temática referente a la vida cotidiana, personajes populares, tono de humor alegre y satírico y final agradable. La comedia «clásica» consta de tres actos. Mihura definió «Tres sombreros de copa» como una comedia en la que intervienen «los muñecos de la farsa». Hay muchos elementos cómicos que justifican su denominación como comedia, por ejemplo: el humor de situación, el de caracteres (su ridiculez y cursilería) y el verbal (juegos de palabras).
El término «tragedia» se utiliza para designar la representación dramática de una acción grave en la que intervienen personajes nobles (dioses, héroes, reyes) y de la que se consigue un efecto purificador en los espectadores (compasión y temor). La tragedia se desarrolla en cinco actos y sus temas son mitológicos o sacados de la realidad histórica. La acción comienza felizmente y termina en desgracia. Son muchos los elementos trágicos que también pueden calificar «Tres sombreros de copa» como tragedia. Hay, por ejemplo, personajes trágicos como Dionisio, un personaje ambiguo cuyo conflicto dramático consiste en la lucha entre sus deseos y la presión que la sociedad ejerce sobre él. Además, en la obra existe una oposición entre dos mundos incompatibles: el de la burguesía provinciana y el de la farándula itinerante. Los representantes de ambos mundos son prisioneros de su entorno. Aquí, se siente un fatalismo, en el sentido del «fatum» de la antigüedad clásica. Por eso también el desenlace infortunado.

En mi opinión, se podría hablar de tragicomedia, con una mezcla entre patetismo, comicidad y poesía. A menudo, la comicidad se utiliza para refrenar lo patético y lo lírico, para desdramatizar la acción. Pero, lo más importante es que se trata de una obra de vanguardia y Mihura estaba por delante de su época. De ahí que los términos «comedia» o «tragedia» ya no son válidos para él, sino que se trata de un juego con la forma clásica, pero de contenido moderno. *(321 palabras)*

2. ***Hinweis:*** *Bei dieser kreativen Aufgabe sollen Sie ein Interview mit einer berühmten Persönlichkeit Lateinamerikas führen und dabei ein Kurzporträt dieser zeichnen. Formal müssen Sie die textsortenspezifischen Merkmale eines Interviews einhalten, inhaltlich sollten Sie einige biografische Daten, Wirkung und Bedeutung der gewählten Persönlichkeit herausstellen.*

– Buenos días, compañero Che Guevara. Muy amable de tu parte el de concederme a mí y a nuestros lectores el tiempo de una entrevista.
– Empecemos ya.
– Pues, naciste en 1928 en Argentina en una familia bastante rica, ¿verdad?
– Sí, tuve una infancia y juventud feliz, sin preocuparme de nada.
– Pero, muy joven, tuviste ya contacto con la miseria de los gamines en las chabolas.
– Sí, y me dio rabia esa discriminación y marginación a raíz de los meros recursos económicos.
– ¿Qué profesión escogiste?
– Bueno che, por motivos personales – soy asmático, sabes – decidí muy pronto ser médico.
– Pero, antes de terminar los estudios… ¿Qué pasó? ¡Cuéntanos!
– Mirá, Alberto, un amigo mío, y yo, soñábamos con un viaje en motocicleta por toda América del Sur. Era todo una gran aventura, porque el paisaje, como los Andes o la Patagonia, es un desafío para cualquier viajante. Vi la miseria en las minas de cobre, pero también las murallas impresionantes de Cuzco y Machu Picchu.
– Este viaje era algo como una experiencia clave en tu vida, ¿verdad?
– Sí, me di cuenta de la existencia de la América de los indígenas. Poco después, emprendí otro viaje que nos llevó a la Guatemala de la Revolución. Allí, me dieron mi apodo «Che» porque solía utilizar esa palabra con frecuencia. Más tarde, hicimos la Gran Revolución en Cuba, Fidel Castro y yo, juntos con muchos otros valientes guerrilleros. Fidel Castro me hizo comandante en esos días. Por eso, hasta hoy día me llamo «Comandante Che Guevara», título del cual estoy orgulloso.
– Muchas gracias por esas informaciones. Te deseo mucha suerte en la lucha de los futuros movimientos revolucionarios.
– De nada. Estoy seguro de que la Gran Revolución va a irradiar a todo el continente. «Hasta la victoria siempre». *(291 palabras)*

3. ***Hinweis:*** *Die Aufgabe besteht aus einem historischen Foto mit einer kurzen erläuternden Anmerkung. Ausgehend von der Bildschreibung sollen Sie einen Kommentar dazu verfassen. Im ersten Schritt sollten Sie das vorliegende Foto möglichst detailliert beschreiben. Vermeiden Sie voreilige Schlüsse und Deutungen und damit eine Vermischung der Ebenen Bild – Interpretation. Im zweiten Schritt wird eine sachliche Erklärung der historischen Hintergründe von Ihnen erwartet. Dabei sollten Sie auf den Bildkommentar zurückgreifen und Ihr Hintergrundwissen immer wieder mit dem Foto in Beziehung setzen und begründen. Beachten Sie, dass Sie keinen losgelösten Essay über die Jahre des* Franquismo *und der* Transición *in Spanien schreiben sollen. Im dritten Schritt schließlich ist Ihre persönliche Meinung gefragt. Hier könnten Sie durchaus Themen wie Vergangenheitsbewältigung und typische Probleme der* transición *von einer Diktatur/einem Unrechtsregime zurück zur Demokratie aufgreifen oder einen Vergleich mit Deutschland ziehen.*

En la foto se puede ver un grupo de personas que está reunido en la Plaza San Juan de la Cruz en Madrid. Se encuentran delante de la fachada de un edificio público en cuyo techo ondea la bandera española. En la fachada se ven los restos de las obras de construcción y se puede ver la base sobre la que se erigía la estatua de Francisco Franco. En vez de la estatua hay una foto de tamaño grande con el retrato de Franco.
La foto está tomada por detrás de la gente, de modo que no se ven las caras, sino sólo las manos derechas levantadas en forma del saludo fascista. Supongo que son partidarios del ex-dictador que siguen siendo fieles a su ideología, incluso 30 años después de la muerte de su «caudillo». Es obvio que se trata de personas que viven ancladas en el pasado. Mediante su comportamiento evidencian su oposición al gobierno actual de España, que hizo retirar la última estatua de Franco.
A mi juicio, la foto muestra, por un lado, que vivimos en una democracia, donde todos tienen el derecho a la libertad de expresión. Pero, por otro lado, muestra la persistencia de la ideología fascista y cierta obstinación por parte de sus seguidores. En mi opinión, no sirve para nada prohibir los partidos de derecha, porque todo lo prohibido ejerce aún más atracción. En el caso de España, una tal manifestación también es la prueba de que todavía hay viejas heridas y cicatrices que pueden abrirse con facilidad. Es muy importante el trabajo de la Asociación para la Recuperación de la Memoria Histórica para superar el difícil pasado de los años del Franquismo y para rehabilitar a las víctimas del régimen. Asimismo, después de la Segunda Guerra Mundial, la desnazificación en Alemania fue una tarea delicada que requirió mucha diplomacia, pero también una posición firme e imparcial.

(314 palabras)

IV. Versión

Der Text der versión *besteht aus einem Sekundärtext zum literarischen Schwerpunktthema, worin Mihura selbst sich zur Rolle des Humors im Allgemeinen äußert.*

Der Humor ist eine Laune, ein Luxus, eine Rebhuhnfeder, die man sich an den Hut steckt; eine Art Zeitvertreib/eine Art, sich die Zeit zu vertreiben. Der echte/ wahre Humor hat nicht die Absicht/nimmt sich nicht vor/hat nicht im Sinn, zu belehren oder zu verbessern, weil nicht dies seine Aufgabe/Bestimmung ist. Das einzige, auf das der Humor abzielt/was der Humor will, ist/besteht darin, dass wir für einen Augenblick aus uns selbst heraustreten, dass wir uns auf Zehenspitzen etwa zwanzig Meter entfernen und uns rings um uns herum drehen/einmal um uns selbst herumdrehen, wobei/und uns dabei von der einen und von der anderen Seite, von vorne und von hinten betrachten, wie vor den drei Spiegeln einer Schneiderei, und dass wir neue Züge und Profile (an uns) entdecken, die wir (vorher noch) nicht kannten.
Humor heißt/bedeutet [...] verstehen, dass alles eine Kehrseite hat, dass alles ganz anders sein kann, ohne deswegen zu wollen, dass sie (die Dinge) aufhören zu sein, wie sie sind, denn das ist Sünde und Kleinlichkeit/Besserwisserei. Humor ist bar jeder Absicht/arglos/zweckfrei/völlig frei von Hintergedanken, das harmloseste Spiel, die beste Art, die Nachmittage/Abende zu verbringen. Er/es ist wie ein unwahrscheinlicher Traum, der schließlich in Erfüllung geht/Wirklichkeit wird.

Rechazo a los nuevos vecinos

España, en lo que a inmigración se refiere, ha pasado de ser un país emisor a uno receptor de extranjeros. Pero, ¿qué imagen tienen los españoles de sus nuevos vecinos inmigrantes? Durante cuatro años (desde 2000 a 2004), las sociólogas Carmen González Enríquez y Berta Álvarez Miranda, con el patrocinio del Observatorio Permanente de la Inmigración, han trabajado sobre la percepción social que tienen los españoles de los inmigrantes. Y acaban de presentar su estudio *Inmigrantes en el barrio,* en compañía de la secretaria de Estado de Inmigración y Emigración, Consuelo Rumí.

Entre las observaciones de este trabajo, realizado a partir del análisis cualitativo de opinión pública entre vecinos de zonas con una alta concentración de inmigrantes de Madrid, Barcelona y Alicante, destaca la «sensación de invasión» con la que reaccionan los españoles que conviven con inmigrantes extranjeros, así como la percepción «real o imaginaria» del aumento de la delincuencia en dichas áreas.

No obstante, la preocupación por la delincuencia en torno al barrio no se manifiesta únicamente entre los españoles. También la población inmigrante comparte la necesidad de que las fuerzas de seguridad adopten medidas porque a ellos el problema les afecta doblemente: como vecinos del barrio, y por tanto, también víctimas de los delitos que en éste se cometan, y como inmigrantes cuya imagen se deteriora por culpa de la actuación de determinadas personas de su misma condición que crean un estereotipo negativo global a todos ellos.

Hay que ser conscientes de que no todos los inmigrantes están cortados por un mismo patrón, de hecho, la mayoría viene buscando unas mejores condiciones de vida, desarrollando trabajos necesarios y que la mayoría de los españoles rechaza. Sin embargo, según los datos que recoge este libro, los españoles se quejan principalmente de la incapacidad de los gobiernos (independientemente de su color político) de gestionar los flujos. Sobre todo, creen necesario un mayor control de la inmigración ilegal, que es la problemática, ya que, al no tener papeles no pueden acceder a un trabajo y se ven obligados a mendigar o delinquir para sobrevivir. Como muestra *Inmigrantes en el barrio,* el impulso de muchos españoles, ante la llegada masiva de inmigrantes, es cambiar su lugar de residencia. Buscan nuevas zonas para vivir donde no haya tanta densidad de población extranjera. Lo hacen, además de por el aumento de la delincuencia, porque consideran que hay una pérdida de calidad en las políticas de bienestar social. En raras ocasiones el gobierno adapta los servicios a la nueva demanda, de modo que aparecen problemas de saturación de los servicios de la sanidad pública, o con respecto a las facilidades de acceso que encuentran los inmigrantes a servicios públicos, tales como guarderías o colegios estatales, dado su menor nivel de ingresos, y que deja fuera a los niños de padres españoles.

El libro alerta de que este tipo de comportamiento puede derivar en la formación de guetos en las grandes ciudades españolas donde haya áreas con poblaciones muy diferenciadas. Para evitar esto, es fundamental el papel que desempeñe la segunda generación de inmigrantes. Los hijos de los actuales inmigrantes, formados por el sistema educativo español, conviven diariamente con jóvenes españoles, de los que son compañeros y no los ven con la desconfianza de sus padres. Este trato diario y continuo será lo que, a largo plazo, permita la integración y hace que hoy por hoy se tenga una visión optimista de cara al futuro. *(577 palabras)*

Fuente: Charo Morillo, Cambio 16, 20 de marzo de 2006

Wortangaben und Erläuterungen:

l. 4/5 Observatorio Permanente de la Inmigración – órgano adscrito al Ministerio de Trabajo y Asuntos Sociales

l. 21/22 cortados por un mismo patrón – parecerse el uno al otro

I. Comprensión (220–330 palabras)

1. Presente lo que es *Inmigrantes en el barrio,* quién lo ha elaborado y por qué. (5 Punkte)
2. Resuma cómo ven los españoles y los inmigrantes la convivencia entre vecinos. (5 Punkte)
3. Describa lo que los españoles le reprochan al gobierno, y las consecuencias que se pueden observar. (5 Punkte)

Bitte beachten Sie, dass entweder Teil II (Análisis y comentario) oder Teil IV (Versión) zu bearbeiten ist.

II. Análisis y comentario (150–220 palabras)

Elija **uno** de los siguientes temas:

1. Analice y comente la visión que presenta el texto de la segunda generación de inmigrantes.

o

2. Examine por qué los habitantes de países de inmigración (como España) pueden reaccionar con desconfianza, incluso xenofobia, frente a los inmigrantes. Puede tomar como punto de partida aspectos del texto. (10 Punkte)

III. Redacción (200–250 palabras)

Elija **uno** de los siguientes temas:

1. «Vivimos en un mundo que no se entiende bien, lleno de incongruencias y de cosas absurdas. Y nos hace falta que alguien nos ponga estas cosas en claro.» Y para esto «se inventó al humorista. Porque el humorista le ve la trampa a todo.»

   Miguel Mihura, 1976, citado en «El Cultural», 21 de julio de 2005

   Comente esta cita de Mihura apoyándose en la obra «Tres sombreros de copa».

o

2. 

   Un grupo celebrando la proclamación de la Segunda República en Madrid (14 de abril de 1931).

   Aquella noche uno de los participantes (hombre o mujer) escribe una carta a sus padres que no viven en Madrid. Les describe sus sentimientos y expone los cambios que espera para los años que vienen.
   Redacte esta carta.

o

3. «América Latina: Una y múltiple.»
   Explique esta frase tomando como ejemplo dos países hispanoamericanos. (10 Punkte)

Sprachrichtigkeit (Teil I + II + III / Teil I + III) 35 Punkte / 30 Punkte
Ausdrucksvermögen 10 Punkte

IV. Versión (15 Punkte)

Bitte beachten Sie, dass entweder Teil II (Análisis y comentario) oder Teil IV (Versión) zu bearbeiten ist.

La expulsión de los judíos españoles en 1492

De la noche a la mañana miles de judíos perdían todos sus bienes. De la noche a la mañana tenían que abandonar la tierra donde habían nacido, las ciudades y calles que amaban, y se veían obligados a errar por Europa y África. Tras de sí dejaban el sueño de Sefarad, perdido para siempre en la bruma del recuerdo, y una economía abatida por su marcha, necesitada de su actividad financiera y comercial. Entre la nostalgia y el rencor, las comunidades sefarditas del norte de África conservarían vivo el castellano de la época, último vínculo de unión con aquel país que durante siglos habían soñado suyo.

Tampoco hallarían descanso aquellos que decidieron quedarse, ya que vivirían bajo la sombra alargada de la Inquisición. La renuncia a su fe y las conversiones en masa nunca ahuyentaron el peligro de ser acusado de herejía. Cualquiera podía ser detenido y encarcelado. *(156 palabras)*

Fuente: Fernando García de Cortázar, Historia de España, Barcelona 2002

Wortangaben:

l. 4 Sefarad – nombre que daban los judíos a España
l. 5 necesitado de – angewiesen auf
l. 6 sefardita – sephardisch
l. 11 ahuyentar – vertreiben, ausschließen
l. 11 la herejía – Ketzerei

Lösungsvorschläge

I. Comprensión

1. ***Hinweis:*** *Hier sollen Sie darstellen, worum es in der Studie „Inmigrantes en el barrio" geht, wer sie ausgearbeitet hat, wer sie in Aufrag gegeben hat und was die Gründe dafür waren. Außerdem sollten Sie sämtliche Informationen, die der Text ansonsten zu dieser Studie gibt, miteinbeziehen, zum Beispiel den Zeitraum der Feldstudie, die untersuchte Zielgruppe und die globale Fragestellung. Die entsprechenden Textabschnitte sind im Wesentlichen die Zeilen 1–13. Beachten Sie, dass Sie auch bei den Wortangaben und Erläuterungen wichtige Informationen finden können (z. B. hier zum* Observatorio Permanente de la Inmigración*).*

   «Inmigrantes en el barrio» es un estudio sociológico que fue elaborado entre 2000 y 2004 por las científicas Carmen González Enríquez y Berta Álvarez Miranda. Es el Ministerio de Trabajo y Asuntos Sociales que encargó a las sociólogas este estudio de campo. Se trata de una encuesta realizada en Madrid, Barcelona y Alicante entre habitantes de barrios en los que también viven muchos inmigrantes. El centro de interés de este sondeo de opinión es la percepción que tienen los residentes españoles de sus nuevos vecinos. El por qué de la demoscopia se explica por el cambio social en España, que ha pasado de ser un país de emigración a uno de inmigración. *(112 palabras)*

2. ***Hinweis:*** *Bei dieser Aufgabe sollen Sie die Ergebnisse der Studie in einem* resumen *zusammenfassen. Die entsprechenden Informationen hierzu finden Sie in den Zeilen 9–20. Achten Sie bei der Bearbeitung der Aufgabe darauf, dass sowohl das Bild der Einheimischen als auch das der Migranten von ihren jeweiligen Nachbarn gemeint ist.*

   Por un lado, los españoles se sienten invadidos por los inmigrantes que conviven en su barrio. Además, la mayoría de ellos es de la opinión de que hay cada vez más delincuencia en la zona. Sin embargo, se trata de una estimación subjetiva y no se sabe si corresponde a los hechos reales. La población inmigrante, por su parte, comparte la opinión de los españoles respecto al aumento de la delincuencia. Igual que los nativos exigen que las fuerzas de seguridad tomen medidas adecuadas en contra de la delincuencia. Son ellos que sufren doblemente por tal situación: como vecinos del barrio, también ellos son víctimas de los delitos; como inmigrantes, se ven afectados aún más puesto que su imagen entre los españoles se deteriora con los actos criminales de sus compatriotas. La consecuencia es que nace un cliché negativo válido para todos ellos, sin diferencia alguna.

   (146 palabras)

3. ***Hinweis:*** *In dieser Aufgabe geht es um die Vorwürfe der einheimischen Bevölkerung gegenüber der Regierung sowie um die möglichen langfristigen gesellschaftlichen Folgen der derzeitigen Entwicklung, die sich bereits aus der Studie ablesen lassen. Die Aussagen zu dieser Aufgabe nehmen im vorliegenden Text den größten Raum ein (Zeilen 21–45). Da sie aber wie die beiden anderen Teilaufgaben nur mit 5 Punkten bewertet wird, sollten Sie Ihre Antwort auf die Kernaussage reduzieren.*

Los españoles reprochan al Gobierno ser incapaz de controlar la inmigración. Peor aún, le echan la culpa al Gobierno por su fracaso en cuanto a la lucha contra la inmigración ilegal porque, muchas veces, a los sin papeles no les queda otra posibilidad para sobrevivir que la delincuencia. Hay deficiencias en la sanidad pública y no existen suficientes guarderías ni colegios del Estado. En general, el Gobierno no logró crear la infraestructura necesaria para tanta gente. Como consecuencia, muchos españoles, desilusionados y frustrados, se mudan a barrios donde el porcentaje de inmigrantes es menor. Pero, la consecuencia más grave, a largo plazo, podría ser la formación de guetos en las grandes ciudades españolas, es decir que la situación puede llevar a una segregación racial en vez de a la integración deseada. *(131 palabras)*

II. Análisis y comentario

1. ***Hinweis:*** *Bei dieser Aufgabe ist in direkter Bezugnahme auf den Text von der* segunda generación de inmigrantes *die Rede. Sie sollen zuerst die Meinung des Textes wiedergeben und anschließend persönlich dazu Stellung nehmen.*

El texto nos da una visión optimista de la segunda generación de inmigrantes. Todo depende de la actitud de los hijos de los actuales inmigrantes: son ellos la esperanza para una integración lograda y no fracasada como en el caso de sus padres. Muchos de ellos han nacido en España, han crecido con los jóvenes españoles en el mismo sistema educativo, con los mismos modelos de valores. Conviven diariamente los unos con los otros, existen amistades entre ellos (compañeros de clase, la misma pandilla) en vez de la desconfianza mutua entre la generación de sus padres. En mi opinión, el texto tiñe la realidad de una manera demasiado positiva. Es cierto que todos los jóvenes reciben la misma formación escolar, pero el sistema educativo, por su parte, también tiene deficiencias y, por lo tanto, este hecho no constituye una garantía para la paz social. Aparte de eso, hay otros factores que igualmente tienen mucha influencia en los jóvenes, por ejemplo, los medios de comunicación, Internet, los videojuegos, etc. donde se ve mucha violencia. Además, raras veces hay pandillas que constan de jóvenes españoles e inmigrantes; se puede constatar más bien que, después de las clases, sus caminos se separan. En general, hay mucho más alumnos inmigrantes que dejan el colegio sin diploma que jóvenes españoles. En el mercado laboral no tienen las mismas posibilidades; hay competencia entre ellos y los extranjeros, muchas veces no tienen acceso a los altos cargos. Por eso, a los hijos de la segunda generación de inmigrantes les resulta muy difícil salir de este círculo vicioso. *(260 palabras)*

2. ***Hinweis:*** *Hier sollen Sie mögliche Gründe für das Entstehen von Ausländerfeindlichkeit und Fremdenhass nennen. Berücksichtigen Sie dabei den Ausgangstext.*

¿Cómo explicar el fenómeno de la xenofobia en una sociedad globalizada como la nuestra? En un mundo donde ya no existen fronteras, cualesquieras que sean, para el libre intercambio de ideas, productos y mano de obra, se exige movilidad y flexibilidad a todos porque es un factor muy importante en la economía mundial. Desde este punto de vista, el dejar todo atrás para empezar de nuevo en otro lugar es algo positivo. La visión de una sociedad multicultural donde cada cultura tome lo mejor de la otra para integrarlo en la suya nos encanta a todos, pero la gente tiene miedo a lo desconocido. Si las cosas andan peor, los extranjeros pueden ser el chivo expiatorio de todos los males, como el paro, la delincuencia, la inseguridad, la pérdida del bienestar, etc.
En el ejemplo de España, en las regiones con alta densidad de población extranjera, se puede explicar por qué la necesidad de subrayar los rasgos nacionales algunas veces crece de manera exagerada hasta desembocar en el nacionalismo y en los actos de violencia contra los inmigrantes. La gente teme una pérdida de la propia identidad a causa de tantos elementos extranjeros.
Por motivo de la inmigración masiva durante los últimos años, ha habido varios proyectos del Gobierno español para reformar la Ley de Extranjería. Pero, para muchos españoles, éstas no son las medidas adecuadas para gestionar y frenar la llegada masiva de inmigrantes. *(235 palabras)*

III. Redacción

1. ***Hinweis:*** *Diese Aufgabe ist recht schwierig: Sie sollen, in Bezug auf „Tres sombreros de copa", ein Zitat von Mihura kommentieren, das relativ zusammenhangslos einem Artikel aus „El Cultural" entnommen ist. Inhaltlich geht es um die Rolle des Humoristen, d. h. des Komödiendichters. Diese sehr spezielle Erörterung muss man vor dem größeren Hintergrund der Frage nach dem Humor bzw. der Einordnung von Mihura in die Theatergeschichte des 20. Jahrhunderts sehen. Das im Zitat erwähnte Adjektiv „absurd" ist hilfreich bei der Interpretation, da Mihura häufig in die Nähe des avantgardistischen, absurden Theaters von Ionesco und Beckett gebracht wurde. Gleichzeitig geht es jedoch auch um die Funktion des Theaters allgemein, um dessen sog. didaktische Aufgabe, also die des Erziehens und Aufklärens. „Y nos hace falta que alguien nos ponga estas cosas en claro" muss wohl im Sinne von „erklären, klar rücken" verstanden werden, ebenso als „verständlich machen" der Dinge, die für uns sonst unverständlich und sinnlos bleiben – mit Bezug auf „Vivimos en un mundo que no se entiende bien…" Dem Dichter wird, wie in der Antike, die Rolle eines Sehers zuteil, der mehr weiß*

als sein Publikum. „Porque el humorista le ve la trampa a todo" heißt in diesem Fall also „hinter die Dinge blicken, durchschauen". Der Begriff „trampa" hat hier nicht die Bedeutung von „Falle"', sondern muss eher im Sinn von „engaño" (Schwindel, Täuschung) verstanden werden.

La cita de Mihura en «El Cultural» del 21 de julio de 2005 habla del papel del humorista. Dice que la realidad, el mundo y la sociedad son tan complejos que muchas veces resulta difícil entender el sentido de todo, si lo hay. En el mundo moderno existen bastantes incongruencias. La vida está llena de contradicciones y, a veces, parece absurda, carente de lógica. Por eso, reza la cita, necesitamos a alguien que nos lo explique todo. Y esa persona es el humorista quien cumple la tarea con una ligereza que impide que sintamos lo trágico. Es él que lo ve todo claro, pero que no lo toma demasiado en serio, sino que se burla de todo.
El humorista como tal, sin embargo, desempeña también el papel del vidente. Utiliza el teatro (en este caso, la comedia) por su doble función: por un lado, tiene que divertir y entretener al público, pero, por otro lado, también tiene que instruir a los espectadores.
Para aclarar la teoría con algunos ejemplos de la obra «Tres sombreros de copa», se puede mencionar, por ejemplo, el humor de caracteres que empieza ya con nombres parlantes como «Don Rosario» o «Don Sacramento», representantes de la burguesía provinciana, que muestran su cara verdadera en la fiesta nocturna con las chicas del ballet, o los personajes denominados por antonomasia como el «Odioso Señor», el «Anciano Militar», o el «Cazador Astuto».
Las incongruencias y los convencionalismos quedan ilustrados por la discrepancia entre los dos mundos, el de la burguesía provinciana y el de la farándula itinerante, pero también por el juego de la apariencia, de la «máscara», del «parecer» frente al «ser». Gran parte de la acción está basada en engaños, fingimientos y ocultaciones como que Paula confunde a Dionisio con un malabarista, y éste no sólo no contradice a la muchacha sino que acepta su nueva identidad, haciéndose pasar por Antonini. Por la asociación inverosímil de situaciones, los diálogos poco lógicos y los juegos lingüísticos, muchos críticos quisieron ver en la comedia «Tres sombreros de copa» elementos del teatro del absurdo de Samuel Beckett o de Ionesco. *(350 palabras)*

2. ***Hinweis:*** *Der kreative Schreibauftrag verlangt von Ihnen, einen persönlichen Brief zu schreiben, in dem Sie eigene Gefühle (Hoffnungen, Ängste etc.) äußern und auf die mit der* Segunda República *verbundenen gesellschaftlichen Veränderungen eingehen. Stellen Sie dabei die Strukturprobleme vor der Zweiten Republik, den Moment und die unmittelbaren Folgen ihrer Ausrufung sowie einige Maßnahmen und Reformen dar, die die Republik zur Lösung der bestehenden Probleme umsetzen sollte.*
Formal müssen Sie die textsortenspezifischen Merkmale eines Briefes einhalten. Sprachlich wurde hier die Anrede „usted/es" für die Eltern gewählt, was in der damaligen Zeit durchaus üblich war.

Madrid, el 15 de abril de 1931

Querida mamá, querido papá:

Les escribo desde Madrid donde anoche pasaron cosas increíbles y fascinantes... Todavía no puedo creerlo... no sé dónde empezar porque estoy tan confusa en mis pensamientos y en mis sentimientos... Ustedes saben que ayer, después de las elecciones, se proclamó la República y, al mismo instante, el Rey tuvo que abdicar. ¡Qué fiesta más divertida! Todos en la calle, cantando, bebiendo, ondeando la bandera republicana, y la gente con flores... Nosotros, los republicanos, ahora conseguimos juntos esta victoria. Finalmente, triunfó la voluntad del pueblo y no la de la monarquía absoluta con sus privilegios de antaño. Ahora, nosotras, las mujeres, vamos a tener – ¡por fin! – los mismos derechos que los hombres. Sí, sí, papá, yo ya sé que esa idea no le va a gustar a usted... Pero, pues bien, los tiempos cambian... y vamos a recibir el derecho de votar. Espero tanto que todo este sueño se haga realidad... porque, por otro lado, los monarquistas y la clase alta no quieren renunciar a sus privilegios. No será nada fácil llevar a cabo reformas en contra de su voluntad... Pero con los problemas que hay en la sociedad, como el problema agrario, el del Ejército y la necesidad de reformar la relación entre la Iglesia y el Estado... Y, sabe, papá, quizás también Catalunya sea un Estado propio catalán, independiente, pero dentro de la República Federal Española. ¿No será el paraíso con el que siempre soñó usted? Y, mamá, quizás también pueda trabajar usted como maestra en los colegios estatales, ya que habrá separación entre Estado e Iglesia dentro de poco tiempo. Tienen tanto poder los curas, los obispos, los cardenales, y el Papa que está muy lejos en Roma... ¡me da rabia y casi no puedo contenerme!... Pero, con Azaña como presidente vamos a conseguir mucho. ¡Que viva la República!

Saludos y besos a todos,

Núria *(318 palabras)*

3. ***Hinweis:*** *Ausgehend von der These „América Latina: Una y múltiple" sollen Sie hier das Porträt von zwei (möglichst unterschiedlichen) Ländern Lateinamerikas zeichnen und dabei v. a. Gemeinsamkeiten* (una → unidad) *sowie Unterschiede* (múltiple → diversidad) *aufzeigen. Der Typ der* redacción libre *lässt Ihnen bei dieser Aufgabe große Freiheit.*

Para explicar la cita según la que el continente latinoamericano forma una unidad dentro de su diversidad tomamos el ejemplo de **Perú** y de **Cuba**.
Como nota preliminar, ya se puede decir que un elemento unificador, por supuesto, es su lengua común, el castellano. Por la historia común de la colonización por los españoles, se había formado una sociedad similar y muy parecida la de un país a la del otro país. Además, había un movimiento histórico, el denominado «panamericanismo» de Simón Bolívar que quería crear una confederación de Estados según el modelo de los EE.UU.

Perú es un país andino con importantes huellas de la civilización precolombina del antiguo Imperio inca. Fue colonizado por el conquistador Pizarro. Logró su independencia el mismísimo libertador Simón Bolívar. Aparte del castellano, se habla quechua y aymara y su población está formada por mestizos, descendientes de inmigrantes europeos y también de inmigrantes asiáticos; además, existe una minoría de descendientes de esclavos africanos que sufre discriminación racial. La economía, como la sociedad, es muy desigual. A causa de los graves problemas sociales y económicos, hay violencia, terrorismo y guerrilla como el «Sendero Luminoso» (de ideología maoísta). Por desgracia, hubo varias dictaduras en su historia.
Cuba, al contrario, es una isla en el Caribe. Fue descubierta por Colón ya durante su primer viaje. Sus antiguos pobladores, los taínos, fueron casi eliminados por enfermedades y trabajos forzados introducidos por los conquistadores. No obstante, fue el último país en independizarse de América Latina (1898). La sociedad cubana está caracterizada por el fuerte contingente de los afrocubanos que son los descendientes de los millares de esclavos negros introducidos entre 1492 y 1789 para trabajar en las plantaciones de caña de azúcar hasta que, en 1886, la esclavitud fue abolida definitivamente. En 1959 triunfó la Revolución cubana liderada por Fidel Castro que creó un régimen de ideología marxista apoyado por la antigua URSS y rechazado por los EE.UU. Hay una masiva emigración de cubanos hacia EE.UU., de donde mandan remesas a sus familiares que se quedaron en Cuba.

(330 palabras)

IV. Versión

Die Vertreibung der spanischen Juden im Jahr 1492

Über Nacht/Von einem Tag auf den andern verloren Tausende von Juden ihren gesamten Besitz/ihr ganzes Hab und Gut. Über Nacht mussten sie das Land, in dem sie geboren (worden) waren, die Städte und Straßen, die sie liebten, verlassen/hinter sich lassen und sahen sich gezwungen, durch Europa und Afrika zu irren. Hinter sich ließen sie den Traum von Sepharad, der für immer im Nebel der Erinnerung verloren war, und eine Wirtschaft, die durch ihren Weggang zusammenbrach/kollabierte, weil sie auf ihre Tätigkeit im Finanzwesen und Handel/auf ihre Finanz- und Handelsgeschäfte angewiesen war. Zwischen Heimweh und Groll hin- und hergerissen/gespalten, sollten die sephardischen Gemeinden in Nordafrika das Spanisch der damaligen Epoche bewahren/am Leben erhalten, das das letzte Bindeglied zu jenem Land darstellte/als letztes Bindeglied zu jenem Land, von dem sie jahrhundertelang geträumt hatten, dass es das ihre sei/dass es ihre Heimat sei.
Auch diejenigen, die sich dazu entschlossen, zu bleiben, sollten keine Ruhe finden, da sie (ja) unter dem weit reichenden Schatten der Inquisition leben sollten/würden. Der Verzicht auf ihren (eigenen) Glauben und die Massenbekehrungen/-übertritte zum Christentum schlossen niemals die Gefahr aus, der Ketzerei/Häresie angeklagt/bezichtigt/beschuldigt zu werden. Jeder (x-Beliebige) konnte (willkürlich) festgenommen und eingesperrt/ins Gefängnis gebracht/verhaftet, inhaftiert, gefangengenommen/eingekerkert werden.

Cuando Beatriz volvió del roquerío directamente a la hostería, y levantó sonámbula de la mesa una botella a medio consumir que dos pescadores aligeraban tarareando el bolero *La vela* de Roberto Lecaros, provocándoles estupor, para luego avanzar con el mal habido licor hacia su casa, la madre se dijo que era hora de cerrar, condonó el pago del frustrado consumo a sus clientes, los acompañó hasta la puerta, y puso en acción el candado.

La encontró en la habitación expuesta al viento otoñal, la mirada acosada por la oblicua luna llena, la penumbra difusa sobre la colcha, la respiración alborotada.

– ¿Qué haces? – le preguntó.
– Estoy pensando.

De un manotazo accionó el interruptor, y la luz agredió su rostro huido.

– Si estás pensando, quiero ver qué cara pones cuando piensas. – Beatriz se cubrió los ojos con las manos –. ¡Y con la ventana abierta en pleno otoño!
– Es mi pieza, mamá.
– Pero las cuentas del médico las pago yo. Vamos a hablar claro, hijita. ¿Quién es él?
– Se llama Mario.
– ¿Y qué hace?
– Es cartero.
– ¿Cartero?
– ¿Que no le vio el bolsón?
– Claro que le vi el bolsón. Y también vi para qué usó el bolsón. Para meter una botella de vino.
– Porque ya había terminado el reparto.
– ¿A quién le lleva cartas?
– A don Pablo.
– ¿Neruda?
– Son amigos, pues.
– ¿Él te lo dijo?
– Yo los vi juntos. El otro día estuvieron conversando en la hostería.
– ¿De qué hablaron?
– De política.
– ¡Ah, además es comunista!
– Mamá, Neruda va a ser presidente de Chile.
– Mijita, si usted confunde la poesía con la política, lueguito va a ser madre soltera. ¿Qué te dijo?

Beatriz tuvo la palabra en la punta de la lengua, pero la adobó algunos segundos con su cálida saliva.

– Metáforas.

La madre se aferró a la perilla del rústico catre de bronce, apretándola hasta convencerse de que podía derretirla.

– ¿Qué le pasa mamá? ¿Qué se quedó pensando?

La mujer vino al lado de la chica, se dejó desvanecer sobre el lecho, y con voz desfalleciente, dijo:

– Nunca te oí una palabra tan larga. ¿Qué «metáforas» te dijo?

– Me dijo… Me dijo que mi sonrisa se extiende como una mariposa en mi rostro.

– ¿Y qué más?

– Bueno, cuando dijo eso, yo me reí.

– ¿Y entonces?

– Entonces dijo una cosa de mi risa. Dijo que mi risa era una rosa, una lanza que se desgrana, un agua que estalla. Dijo que mi risa era una repentina ola de plata.

La mujer humedeció con la lengua trémula sus labios.

– ¿Y qué hiciste entonces?

– Me quedé callada.

– ¿Y él?

– ¿Qué más me dijo?

– No, mijita. ¡Qué más le hizo! Porque su cartero además de boca ha de tener manos.

– No me tocó en ningún momento. Dijo que estaba feliz de estar tendido junto a una joven pura, como a la orilla de un océano blanco.

– ¿Y tú?

– Yo me quedé callada pensando.

– ¿Y él?

– Me dijo que le gustaba cuando callaba porque estaba como ausente.

– ¿Y tú?

– Yo lo miré.

– ¿Y él?

– Él me miró también. Y después dejó de mirarme a los ojos y se estuvo un largo rato mirándome el pelo, sin decir nada, como si estuviera pensando. Y entonces me dijo «me falta tiempo para celebrar tus cabellos, uno por uno debo contarlos y alabarlos».

La madre se puso de pie y cruzó delante de su pecho las palmas de las manos, horizontales como los filos de una guillotina.

– Mijita, no me cuente más. Estamos frente a un caso muy peligroso. Todos los hombres que primero tocan con la palabra, después llegan más lejos con las manos.

– ¡Qué van a tener de malo las palabras! – dijo Beatriz abrazándose a la almohada.

– No hay peor droga que el bla-bla. Hace sentir a una mesonera de pueblo como una princesa veneciana. Y después, cuando viene el momento de la verdad, la vuelta a la realidad, te das cuenta de que las palabras son un cheque sin fondo. ¡Prefiero mil veces que un borracho te toque el culo en el bar, a que te digan que una sonrisa tuya vuela más alto que una mariposa!

– ¡Se *extiende* como una mariposa! – saltó Beatriz.

– ¡Que vuele o que se extienda da lo mismo! ¿Y sabes por qué? Porque detrás de las palabras no hay nada. Son luces de bengala que se deshacen en el aire.
– Las palabras que me dijo Mario no se han deshecho en el aire. Las sé de memoria y me gusta pensar en ellas cuando trabajo.
– Ya me di cuenta. Mañana haces tu maleta y te vas unos días donde tu tía en Santiago.
– No quiero.
– Tu opinión no me importa. Esto se puso grave.
– ¡Qué tiene de grave que un cabro te hable! ¡A todas las chiquillas les pasa!

La madre hizo un nudo en su chal.
– Primero, que se nota a la legua que las cosas que te dice se las ha copiado a Neruda.

Beatriz dobló el cuello y miró la pared como si se tratara del horizonte.
– ¡No, mamá! Me miraba y le salían palabras como pájaros de la boca.
– Como «pájaros de la boca». ¡Esa misma noche haces tu maleta y partes a Santiago! ¿Sabes cómo se llama cuando uno dice cosas de otro y lo oculta? ¡Plagio! Y tu Mario puede ir a dar a la cárcel por andarte diciendo… ¡metáforas! Yo misma voy a telefonear al poeta, y le voy a decir que el cartero le anda robando los versos.
– ¡Cómo se le ocurre, 'ñora, que don Pablo va a andar preocupándose de eso! Es candidato a la presidencia de la república, a lo mejor le dan el Premio Nobel, y usted le va a ir a conventillear por un par de metáforas. *(1 011 palabras)*

Fuente: Antonio Skármeta, El cartero de Neruda/Ardiente paciencia, debolsillo 2003, pp. 51–55

I. **Comprensión** (250–330 palabras)

1. Resuma brevemente las circunstancias que conducen a esta escena e indique el tema del diálogo. (5 Punkte)
2. Compare los efectos que tienen las palabras de Mario en Beatriz y en doña Rosa. (10 Punkte)

Bitte beachten Sie, dass entweder Teil II (Análisis y comentario) oder Teil IV (Versión) zu bearbeiten ist.

II. **Análisis y comentario** (150–220 palabras)

Elija **uno** de los siguientes temas:

1. Partiendo de esta escena, analice el papel de la poesía en la evolución del personaje de Mario.

o

2. Exponga cómo se desarrolla la relación entre Mario y Beatriz después de esta escena y examine si las preocupaciones de doña Rosa están justificadas. (10 Punkte)

III. **Redacción** (200–250 palabras)

Elija **uno** de los siguientes temas:

1. La asociación hispano-alemana de su ciudad, dentro de su programa cultural, quiere proyectar la película «Il postino» (Michael Radford, 1994) en español. Usted conoce la novela y la versión cinematográfica «Ardiente paciencia» (1983). Se dirige por carta al presidente de la asociación para recomendarle la proyección de esta última dando argumentos convincentes.

o

2. Un/a estudiante de Alemania recibe una beca para profundizar sus conocimientos de español en una comunidad autónoma bilingüe. Su compañero de piso le explica que normalmente se niega a hablar español y solo se comunica en la lengua de su comunidad. Ambos exponen sus argumentos. Invente este diálogo.

o

3. Analice la caricatura y evalúe las diferentes vías que puede emprender una democracia para manejar un pasado dictatorial. Haga referencia a un país hispanohablante. (10 Punkte)

Fuente: www.guillo.cl

Sprachrichtigkeit (Teil I + II + III / Teil I + III)	35 Punkte / 30 Punkte
Ausdrucksvermögen	10 Punkte

IV. Versión

(15 Punkte)

Bitte beachten Sie, dass entweder Teil II (Análisis y comentario) oder Teil IV (Versión) zu bearbeiten ist.

Neruda para los chilenos, no sólo para los escritores, es casi como un dato geográfico. Como tenemos la cordillera de los Andes delante, tenemos a Neruda. Mi visión de Neruda procede de experiencias muy personales. Lo conocí cuando yo era un escritor primerizo, joven, y él un poeta consagrado. Me acerqué a él digamos que buscando la experiencia del gran intelectual. En las relaciones esporádicas que tuve con él primó el humor, el juego de palabras, las conversaciones sobre decenas de temas que no eran ni políticos ni literarios. Neruda solía estar rodeado de un círculo férreo de militantes que le proponían estrategias de lucha, o de visitas intelectuales que le hablaban de literatura, de grandes temas. Y yo, nosotros, lo que hacíamos era jugar. En el libro se desarrolla esta relación que tuve con Neruda, prima el acercamiento comediante y el humor, a pesar de las notas de melancolía y el final en nota triste de *El cartero.* *(159 palabras)*

Fuente: Daniel Salgado: Mandar un escritor al exilio es mojarle la pólvora. El País, 18.12.2006; http://www.elpais.com/articulo/Galicia/Mandar/escritor/exilio/mojarle/polvora/elpepiautgal/20061218elpgal_18/Tes

Wortangaben:

l. 6/11 primar – hier: predominar
l. 11 comediante – hier: heiter

Lösungsvorschläge

I. Comprensión

1. ***Hinweis:*** *Sie sollen in einem kurzen Resümee den vorliegenden Textausschnitt (Dialogszene zwischen Beatriz und ihrer Mutter) in die Handlung des Romans einbetten (Vorgeschichte) und die Umstände darlegen, die zur Auseinandersetzung zwischen Mutter und Tochter geführt haben. In einem zweiten Schritt ist das Thema des Dialogs – ebenso kurz und prägnant – zu benennen.*

Mario Jiménez, un joven de 17 años, cartero del famoso poeta Pablo Neruda, ha conocido a Beatriz en la hostería de su madre, Doña Rosa viuda de González. Mario se enamora de la hermosa joven de su misma edad, pero, como es muy tímido, no se atreve a decirle nada.
En su apuro, le pide a Neruda un poema para Beatriz. Negándose este último rotundamente, Mario aprende de memoria algunos de los versos del vate, aquellos que más le gustan, para impresionar a Beatriz. Un día, la sigue a la playa donde le recita metáforas y le confiesa sus sentimientos.
Una vez regresada Beatriz, empieza la escena del diálogo entre madre e hija. Doña Rosa, al enterarse del encuentro, está muy preocupada. Le pide cuentas a su hija, a la que quiere proteger separando a los enamorados. *(137 palabras)*

2. ***Hinweis:*** *Bei dieser Aufgabe ist ein Vergleich der Reaktionen der beiden Frauen auf die Poesie (sei sie nun von Neruda oder von Mario verfasst) vorzunehmen. Grundlage dafür ist die vorliegende Textstelle. Hier wird also intensive Textarbeit von Ihnen verlangt. Tipp: Da es sich nicht um ein Drama handelt, bei dem der gesamte Text aus Dialogen besteht und die Redepartien immer eindeutig mit den Namen der auftretenden Personen versehen sind, markieren und ordnen Sie zuerst die einzelnen Äußerungen Beatriz und ihrer Mutter zu. Lesen Sie auch die „Regieanweisungen" zwischen der wörtlichen Rede genau.*

Las palabras surtieron su efecto en **Beatriz** y la joven vuelve enamorada del encuentro con Mario. Está tan hechizada que sigue soñando en pleno día («sonámbula», l. 1) y hace cosas sin sentido (tomar «una botella a medio consumir» sin darse cuenta de los últimos clientes, l. 2). Sin encender la luz, queda mirando la luna llena. Lo que pasa alrededor de ella no le interesa ni le importa (l. 7/8). Tarda en pronunciar la palabra «metáforas» como si quisiera prolongar el placer de saborearla (ll. 37–39). Es muy sensual el efecto de las metáforas en Beatriz. Los piropos la dejan orgullosa y le gusta recordarlos para no olvidar ni una palabra. No quiere que su madre destruya su sueño. Defiende a Mario, incrédula que éste haya copiado las palabras a Neruda porque «le salían palabras como pájaros de la boca» (l. 97).
La madre, curiosa, quiere saber todo. Está convencida de que su hija ingenua se deja fácilmente engañar por los piropos y que Mario la ha tocado también con sus manos (l. 57/58). La madre opina que es «un caso muy peligroso» y que «todos los hombres que primero tocan con la palabra, después llegan más lejos con las

manos» (ll. 74–76). A su juicio, las palabras sólo sirven para seducir a las mujeres. Para expresar el efecto negativo de las palabras, las compara con una «droga» (l. 78). Dice que no significan nada, sino que son «un cheque sin fondo» (l. 80). Otra imagen empleada es que «son luces de bengala que se deshacen en el aire» (l. 85), es decir que son efímeras y que no se puede confiar en ellas. Teme por su hija (l. 35) y, queriendo evitar un embarazo, exige que parta a Santiago. Le acusa a Mario de plagio y amenaza con denunciarlo a Neruda.*(305 palabras con citas)*

II. Análisis y comentario

1. ***Hinweis:*** *In dieser Aufgabe ist die Rolle der Poesie in der Entwicklung von Marios Persönlichkeit zu untersuchen. Nehmen Sie dabei das gesamte Werk in den Blick und belegen Sie die Analyse/Charakterisierung mit Beispielen.*

Al principio de la novela, Mario es un chico flojo, a quien no le gusta la pesca, por lo cual cambia de oficio y acaba por trabajar como cartero para Pablo Neruda. Se transforma en un muchacho trabajador y ambicioso. En esta evolución del personaje de Mario, la poesía tiene un papel importantísimo: por admiración a Neruda, empieza a leer sus obras y logra trabar una profunda amistad con él. Es cierto que al principio, quería una dedicatoria para impresionar a las chicas y para darse aires de intelectual, es decir que quería utilizar la poesía para seducir a las mujeres. Pero Neruda le abre la puerta a la poesía y al mundo de las metáforas. Tímido, Mario encuentra en los poemas de Neruda un modo para expresar sus sentimientos y Beatriz «cae» víctima de la poesía.

Durante la ausencia del poeta, Mario encuentra consuelo en los libros que le ha regalado. Al mismo tiempo, la poesía y el anhelo de hacerse poeta, emulando al gran maestro, lo alejan de los pescadores analfabetos que se burlan de él y lo dejan aislado. Como para el poeta chileno, la poesía siempre es poesía comprometida, le influye también en su opinión política. Mario aguanta el dolor cuando Neruda está lejos en París y cuando hay cada vez más problemas en Chile por el desabastecimiento. Incluso consigue escribir un poema para Neruda en París, es decir que se convierte de un plagiario en un auténtico poeta. Se decide a participar en un concurso literario con un poema suyo dedicado a su hijo. Al final, Mario es detenido, se puede ver que la poesía también puede ser peligrosa y costar la vida.

(278 palabras)

2. ***Hinweis:*** *Bei dieser Aufgabe sollen Sie darlegen, wie sich die Beziehung zwischen Mario und Beatriz nach dem vorliegenden Textausschnitt entwickelt, d. h. es handelt sich gewissermaßen um das Gegenstück zu Aufgabe 1 der* comprensión, *wo die Vorgeschichte gefragt war. Untersuchen Sie im zweiten Schritt, ob die Sorgen und Befürchtungen von Doña Rosa (wie sie sich auf der Grundlage des bearbeiteten Romanauszugs und des Romans im Ganzen darstellen) berechtigt waren und sich im weiteren Verlauf der Handlung bewahrheiten oder als falsch erweisen.*

Poco después de la discusión con su hija, Doña Rosa encuentra el poema «Desnuda» en el sostén de Beatriz, prueba de que Mario sigue cortejándola con poesía plagiada de Neruda. Como reacción escribe una carta a Neruda, acusando a Mario de ser «seductor de menores» y pidiéndole al poeta una cita urgente para hablar con él. Neruda no logra calmarla, sino que sale amenazando a Mario. Pero durante la noche de la victoria electoral de Allende, tiene lugar el primer encuentro íntimo entre los enamorados. Poco después se casan, con Neruda como testigo de la boda y las palabras de Doña Rosa: «a lo hecho, pecho». Beatriz se queda embarazada y tienen un hijo que llaman Pablo Neftalí en honor y recuerdo de Neruda.
Las preocupaciones de Doña Rosa sobre el carácter de Mario parcialmente están justificadas: tenía razón que Mario quería seducir a Beatriz con la poesía. Es idealista y sigue siendo soñador, por lo cual Beatriz se pone de parte de su madre cuando ésta pide a Mario que se haga cargo de la cocina. Pero, en general, sus preocupaciones se revelan exageradas: Mario es honrado, sincero y fiel, siempre tuvo motivos honestos (desde el principio, Mario quería casarse con Beatriz). Asume su responsabilidad como marido y padre de familia, aceptando el trabajo como cocinero, aunque no le gusta, pero se adapta a las circunstancias y decide obedecer a la viuda. Es un padre modelo, está orgulloso y hace todo para su hijo a quien adora y mima, incluso escribe un poema sobre él. *(256 palabras)*

III. Redacción

1. ***Hinweis:*** *Hierbei handelt es sich um eine analytisch-kreative Aufgabe auf der Grundlage des literarischen Schwerpunktthemas mit der Aufgabenstellung, einen formellen Brief zu schreiben und darin die beiden Filmversionen miteinander (und mit der literarischen Vorlage) zu vergleichen und sich argumentierend für die frühere Fassung einzusetzen.*
Formal sollten Sie die textsortenspezifischen Merkmale eines offiziellen Briefes einhalten; inhaltlich kommt es mehr auf Ihre Argumentation an als auf einen genauen Vergleich der Filme.

Stuttgart, el 11 de abril de 2008

Estimado señor Presidente de la Asociación hispano-alemana de Stuttgart:

Soy una ciudadana de Stuttgart y me di cuenta de que quiere proyectar la película «Il postino» (1994) en español. El argumento de la película está basado en la novela «Ardiente paciencia» de Antonio Skármeta. Hay otra adaptación cinematográfica, del mismo título que la novela, que data del año 1983 y que está basada en el guión escrito por Skármeta mismo.
Quiero recomendarle la proyección de esta última por varias razones.
Primero, es más fiel a los acontecimientos históricos, es decir que se sitúa en el contexto histórico de los años entre 1969–1973 (Allende, Pinochet y la muerte de Neruda), mientras que «Il postino» sitúa la historia en un tiempo anterior, a finales de los años 40, durante el exilio de Neruda en una isla italiana. Segundo, el argumento, en líneas generales, es parecido, pero en «Il postino» Neruda regresa a

Chile, olvidando a su cartero italiano. Además, es Mario quien muere al final. Pero lo que es más importante es que falta el discurso de Neruda en la entrega del Premio Nobel de Literatura, que es una escena crucial porque la cita de Rimbaud dio el título tanto a la novela de Skármeta como a la versión cinematográfica homónima. Tercero, como es un homenaje a Neruda, depende mucho de la selección del actor quien lo representa: en «Ardiente paciencia» está representado como personaje amable y simpático, mientras que «Il postino» crea una imagen más negativa y arrogante del poeta. Cuarto, es cierto que «Il postino» cuenta con mucho más recursos estéticos (montajes, flash-back en blanco y negro, escenografía más dramática). No obstante, «Ardiente paciencia», en su imperfección, parece más realista y auténtica. Quinto, «Ardiente paciencia» es una película especial, porque Antonio Skármeta la realizó durante su exilio en Alemania. Tanto más, debería ser interesante para una asociación hispano-alemana.

Espero que mi propuesta no le parezca audaz y que opte por «Ardiente paciencia».

Atentamente,

Julia Neumann *(333 palabras)*

2. ***Hinweis:*** *In dieser Aufgabe wird von Ihnen erwartet, dass Sie formal die textsortenspezifischen Merkmale eines Dialogs einhalten. Inhaltlich sollten Sie auf die Stichhaltigkeit der Argumentation in der kontroversen Diskussion achten.*

– Hola, Josep. Ya los pocos días que estoy aquí en Barcelona me han hecho desesperar porque no entiendo ni una palabra y eso, pensando que mi español no es tan malo…
– Pues, es que estás en Catalunya y que nosotros, los catalanes, hablamos catalán y estamos muy orgullosos de eso.
– Claro, te entiendo perfectamente, pero a mí me parece contradictorio defender una lengua minoritaria que tiene poca relevancia a nivel europeo.
– Primero, somos muchos que hablamos catalán, a saber, unos 10 millones. Es la lengua más hablada en España después del castellano.
– Sí, sí, no quería ofenderte, pero te ruego que también intentes entenderme: estoy aquí para mejorar mi español. Como tú eres bilingüe, sería muy amable de tu parte hablarme en castellano en vez de catalán.
– Creo que es necesario echar una mirada hacia el pasado franquista para entender mejor la situación actual: durante la dictadura de Franco, el uso del catalán quedó totalmente prohibido. A pesar de todo, el catalán siempre se hablaba en las familias. Después del 1975, se emprendió la reivindicación de nuestra lengua. Ahora, el catalán es la lengua oficial de Catalunya. Mis abuelos han luchado jugándose la vida por ese derecho.
– Ah, pues, son cosas que no sabía; sin embargo, estamos en 2008 y los tiempos han cambiado: la Unión Europea es cada vez más importante. ¿No piensas que las lenguas están para entenderse y que éste debería ser el objetivo prioritario de Europa?

– En mi opinión, construir Europa no significa reducir el número de lenguas, porque una lengua no sólo se mide por su utilidad o por el número de personas que la hablan. Es algo más: es una seña de identidad.
– Vale, de acuerdo, pero ¿no te das cuenta que también puede ser esto puro nacionalismo?
– No es nacionalismo el destacar su identidad. Además, no hay una única identidad válida, hay muchas identidades que son perfectamente compatibles, se trata de respetarse. Pero, pues bien, podríamos hablar castellano en casa. Para arreglártelas en Catalunya, no obstante, será indispensable aprender algunas palabras y frases en catalán.
– ¡Estupendo! ¿Cómo se dice «gracias» en catalán?
– Gràcies.

(351 palabras)

3. ***Hinweis**: Im ersten Schritt sollen Sie die vorliegende Karikatur unter Einbezug der Überschrift „Mesa de diálogo" möglichst detailliert analysieren und beschreiben.*
*Im zweiten Schritt wird von Ihnen ein Essay über den Umgang mit der Vergangenheit nach Jahren einer Diktatur/*transición *erwartet. Dabei sollten Sie differenziert abwägen zwischen den Möglichkeiten der Aufarbeitung oder Verdrängung (Bildtext). Beachten Sie die Hinführung („las diferentes vías que puede emprender una democracia para manejar un pasado dictatorial"). Sie sollen außerdem diese theoretischen Ausführungen am Beispiel eines spanischsprachigen Landes (d. h. Chile, Argentinien oder auch Spanien) verankern.*

La caricatura titulada «Mesa de diálogo» del caricaturista Guillo de una página web chilena trata de la recuperación de la memoria histórica en un país después de una dictadura militar.
Se pueden ver varias personas que están alrededor de una mesa grande. A la izquierda y en el centro se ubican tres hombres vestidos de uniformes con gorras militares. Están sentados frente a un grupo de cuatro personas, tres hombres y una mujer, cada una de las cuales lleva una foto, de tamaño grande, de cara a los militares. Al fondo se puede ver un hombre, quizás el moderador, que, apoyando su cabeza en las manos, pone cara de aburrido. Es una reunión de militares que, durante la dictadura, han estado en el poder y de familiares de las víctimas del régimen. Lo que destaca es que nadie habla, a pesar de los micrófonos en la mesa, y que los militares tratan de esconderse detrás de unos papeles en los que probablemente están documentados los crímenes cometidos por el régimen. La ironía de la caricatura es evidente: tratándose de una mesa de diálogo, reina un silencio total.
Esto me hace pensar en Chile que sufrió la dictadura de Pinochet. Durante la transición, se emprendieron varias campañas para hacer justicia. Se creó una Comisión de la Verdad para investigar los crímenes contra la humanidad. Pero Pinochet mantuvo hasta su muerte su estatuto de inmunidad política.
Existen diferentes vías para manejar un pasado dictatorial: hay quienes quieren olvidar y callar el pasado para mirar hacia adelante, hacia el futuro del país. En el momento precario de la transición, es más importante garantizar el orden público

y la estabilidad social. Por eso, se está dispuesto a conceder amnistía a los culpables. Otros exigen sacar a la luz los hechos para hacer justicia, condenar a los culpables y rehabilitar a las víctimas, porque para la reconciliación es necesario el arrepentimiento de los culpables. Mantener viva la memoria histórica significa también querer impedir otra dictadura. *(330 palabras)*

IV. Versión

Neruda ist fast/beinahe (so etwas wie) eine geographische Größe/ein geographischer Fixpunkt für die Chilenen, nicht nur für die Schriftsteller. So, wie wir die Gebirgskette der Anden vor uns haben, so haben wir Neruda vor Augen. Mein Bild von Neruda entstammt/geht aus sehr persönlichen Erfahrungen hervor. Ich lernte ihn kennen, als ich ein junger angehender Schriftsteller war und er ein hochgeschätzter Dichter. Ich näherte mich ihm/ging auf ihn zu, um sozusagen an der Erfahrung des großen Intellektuellen teilzuhaben/die Erfahrung … zu suchen. Bei den vereinzelten Begegnungen mit ihm/die ich mit ihm hatte, überwogen (der) Humor, (das) Wortspiel und (die) Gespräche über Dutzende/zahlreiche Themen, die weder politisch noch literarisch waren. Neruda pflegte … zu sein/war gewöhnlich von einem festen Kreis politischer Aktivisten umgeben, die ihm Kampfstrategien vorschlugen, oder von intellektuellen Besuchern, die mit ihm über Literatur und große Themen sprachen. Und ich, wir – was wir taten, war spielen/wir spielten. Im Buch entwickelt/entfaltet sich die/diese Beziehung, die ich zu Neruda hatte, und es überwiegen die heitere Annäherung und der Humor, trotz der melancholischen Töne/Anklänge und des traurigen Endes/des Endes in Moll des/von „El cartero“.

Cuando un sábado por la noche, Mario Jiménez se hizo presente en la hostería a pedir la mano de la muchacha con la honda convicción de que su idilio sería tronchado por un escopetazo de la viuda que le volaría tanto la florida lengua cuanto los íntimos sesos, Rosa viuda de González, adiestrada en la filosofía del pragmatismo abrió una botella de champagne Valdivieso demi-sec, sirvió tres vasos que se rebalsaron de espuma, y dio curso a la petición del cartero sin una mueca, pero con una frase que reemplazó a la temida bala: «A lo hecho, pecho».

Esta consigna tuvo una suerte de colofón en la misma puerta de la iglesia, donde iba a santificarse lo irreparable, cuando el telegrafista, erudito en indiscreciones, miró el traje azul de tela inglesa de Neruda y exclamó cachondo:

– Se lo ve muy elegante, poeta.

Neruda se ajustó el nudo de su corbata de seda italiana y dijo con marcada nonchalance:

– Es que estoy en ensayo general. Allende me acaba de nombrar embajador en París.

La viuda de González recorrió la geografía de Neruda, desde su calvicie hasta los zapatos de festivo brillo, y dijo:

– ¡Pájaro que come, se vuela!

Mientras avanzaban por el pasillo hacia el altar, Neruda le confidenció a Mario una intuición.

– Mucho me temo, muchacho, que la viuda González está decidida a enfrentar la guerra de las metáforas con una artillería de refranes.

La fiesta fue breve por dos motivos. El egregio padrino tenía taxi en la puerta para transportarlo al aeropuerto, y los jóvenes esposos alguna prisa para debutar en la legalidad tras meses de clandestinaje. El padre de Mario, no obstante, se las amañó para infiltrar en el tocadiscos *Un vals para jazmín* de Tito Fernández *el Temucano*, mediante el cual echó un recio lagrimón evocando a su difunta esposa que «desde el cielo mira este día de dicha de Marito» y trajo a la pista de baile a doña Rosa, la cual se abstuvo de frases históricas mientras giraba en los brazos de ese hombre «pobre, pero honrado».

Los esfuerzos del cartero tendientes a conseguir que Neruda danzara una vez más «Wait a minute, Mr. Postman» por los Beatles, fracasaron. El poeta ya se sentía en misión oficial y no incurrió en deslices que pudieran alentar a la prensa de oposición, que, a tres meses de gobierno de Allende, ya hablaban de un estrepitoso fracaso.

El telegrafista no sólo declaró la semana entrante feriado para su súbdito Mario Jiménez, sino que además lo liberó de asistir a las reuniones políticas donde se organizaba a las bases para movilizar las iniciativas del gobierno popular. «No se puede tener al mismo tiempo el pájaro en la jaula y la cabeza en la patria», proclamó con inhabitual riqueza metafórica.

Las escenas vividas en el rústico lecho de Beatriz durante los meses siguientes hicieron sentir a Mario que todo lo gozado hasta entonces era una pálida sinopsis del film, que ahora se ofrecía en la pantalla oficial en Cinerama y technicolor. La piel de la muchacha nunca se agotaba y cada tramo, cada poro, cada pliegue, cada vello, incluso cada rulo de su pubis, le parecía un nuevo sabor. Al cuarto mes de estas deliciosas prácticas, Rosa viuda de González irrumpió una mañana en la habitación del matrimonio, tras haber aguardado con discreción el último gorjeo del orgasmo de su niña, y, sacudiendo las sábanas sin preámbulos, tiró al suelo los eróticos cuerpos que la cubrían.

Dijo sólo una frase, que Mario oyó con terror tapándose lo que le colgaba entre las piernas.

– Cuando consentí que se casara con mi hija, supuse que ingresaba a la familia un yerno y no un cafiche.

El joven Jiménez la vio abandonar la pieza con un portazo memorable. Al buscar una mirada solidaria de Beatriz que apoyara su expresión ofendida, no encontró otra respuesta que un mohín severo de ella.

– Mi mamá tiene razón – dijo, con un tono que por primera vez le hizo sentir al muchacho que en sus venas corría la misma sangre de la viuda.

– ¡Qué quieres que haga! – gritó con volumen suficiente, como para que la caleta toda se enterara –. Si el poeta está en París, no tengo a quién chucha repartirle cartas.

– Búscate un trabajo – le ladró su tierna novia.

– Yo no me casé para que me dijeran las mismas huevadas que me decía mi papá.

Por segunda vez la puerta fue amenizada con un golpe, que desprendió de la pared la carátula del disco de los Beatles obsequiada por el poeta. Pedaleó furioso su bicicleta hasta San Antonio, consumió una comedia de Rock Hudson y Doris Day en el rotativo, y deshizo las horas siguientes espiando las piernas de las colegialas en la plaza o bajando cervezas en la fuente de soda. Fue a procurar el compadrazgo del telegrafista, mas éste estaba arengando al personal con un discursito acerca de cómo ganar la batalla de la producción, y, tras dos bostezos, se fue de vuelta a la caleta. En vez de entrar a la hostería, se dirigió a la casa de su padre.

Don José puso una botella de vino en la mesa, y le dijo «cuéntame». Un vaso fue apurado por los hombres, y ya el padre aceleró su diagnóstico:

– Tienes que buscarte un trabajo, hijo.

Si bien la voluntad de Mario no daba para semejante epopeya, la montaña vino a Mahoma. El gobierno de la Unidad Popular hizo sentir su presencia en la pequeña caleta, cuando la dirección de Turismo elaboró un plan de vacaciones para los trabajadores de una fábrica textil en Santiago. Un cierto compañero Rodríguez, geólogo y geógrafo, de lengua y ojos encendidos, se hizo presente en la hostería con una propuesta a la viuda González. ¿Estaría ella dispuesta a ponerse a la altura de los tiempos, y a transformar su bar en un restaurante que diera almuerzo y cena a un contingente de veinte familias, que acamparían en las inmediaciones durante el verano? La viuda estuvo reticente sólo cinco minutos. Pero en cuanto el compañero Rodríguez la puso al tanto de las ganancias que el nuevo oficio acarrearía, miró compulsivamente a su yerno, y le dijo:

– ¿Usted estaría dispuesto a hacerse cargo de la cocina, Marito?

Mario Jiménez sintió que en ese momento envejecía diez años. Su tierna Beatriz estaba frente a él alentándolo con una sonrisa beatífica.

– Sí – dijo, tomándose su vaso de vino, y luciendo el mismo entusiasmo con que Sócrates bebió la cicuta. *(1 086 palabras)*

Fuente: Antonio Skármeta, El cartero de Neruda, Plaza & Janés: Barcelona, 1998, pp. 81–85

Wortangaben:

l. 2	tronchar – zerschlagen, zerbrechen
l. 6	dar curso a la petición – dem Antrag entsprechen
l. 6	sin una mueca – ohne eine Miene zu verziehen
l. 7	a lo hecho, pecho – passiert ist passiert
l. 8	una suerte de colofón – hier: Abschluss
l. 23	egregio/a – ilustre
l. 25	amañárselas – hier: es schaffen, jdm etw. gelingen
l. 27	el lagrimón – la lágrima grande
l. 33	el desliz – Ausrutscher, Entgleisung
l. 33	alentar – animar
l. 46	aguardar – esperar
l. 52	el cafiche – hier: Mann, der sich aushalten lässt
l. 55	el mohín – Grimasse
l. 59	a quién chucha (vulg.) – hier: kein Schwein
l. 65	Rock Hudson, Doris Day – actores estadounidenses de los años cincuenta
l. 67	el compadrazgo – aquí: la complicidad
l. 68	arengar – eine Rede halten, die mitreißt
l. 74	la epopeya – hier: Heldentat
l. 74/75	la montaña vino a Mahoma – der Berg kam zum Propheten
l. 82	reticente – zögerlich, zurückhaltend
l. 89	la cicuta – hier: Schierlingsbecher (Anspielung auf den Schierlingsbecher, den der zum Tode verurteilte Sokrates trinken musste)

I. **Comprensión** (aproximadamente 300 palabras)

1. Cuente cómo se comportan y qué hacen los cuatro invitados a la boda.
2. Describa los cambios en la vida de Mario que se mencionan en este fragmento.
3. Presente todas las referencias al contexto político que aparecen en el texto. (15 Punkte)

Bitte beachten Sie, dass entweder Teil II (Análisis y comentario) oder Teil IV (Versión) zu bearbeiten ist.

II. **Análisis y comentario** (aproximadamente 250 palabras)

Elija **uno** de los siguientes temas:

1. Analice la actitud de Mario frente a la necesidad de ganarse la vida tal como se revela en este texto. Refiérase también a otros momentos de la novela.

o

2. Analice la importancia de las mujeres en la vida de Mario basándose en este texto y en el resto de la novela.

(10 Punkte)

III. **Redacción** (aproximadamente 250 palabras)

Elija **uno** de los siguientes temas:

1. Imagínese la vida de la familia de Mario en los primeros meses después de su desaparición y escriba (en pasado) la continuación de la novela.

o

2. Esta foto se hizo en los años sesenta en España. Descríbala e interprétela en el contexto histórico del franquismo.

© *dpa-Report*

o

3. Explique las consecuencias de la conquista de Latinoamérica desde 1492, por un lado para los españoles y por otro lado para los indígenas.

(10 Punkte)

Sprache 45 Punkte

IV. Versión (10 Punkte)

Bitte beachten Sie, dass entweder Teil II (Análisis y comentario) oder Teil IV (Versión) zu bearbeiten ist.

De la DINA a la Rioja

El 5 de febrero, algunos funcionarios riojanos y alcaldes españoles asistieron a las jornadas sobre innovación y cambio cultural en la gestión pública. Las jornadas tenían un ponente muy singular: Cristián Labbé, alcalde del municipio chileno de Providencia. El matiz es que Cristián Labbé es algo más que los cargos que figuran en su tarjeta de visita.

Labbé es teniente coronel retirado del ejército de Chile y durante la dictadura del general Pinochet fue miembro de la DINA, la policía política responsable de los miles de casos de tortura en el país andino. Fue juzgado a causa de algunas denuncias por tortura, especialmente por las torturas practicadas en el centro de reclusión *Tejas Verdes*, de las que fue absuelto al considerar el juez que la enseñanza de los métodos de tortura no es un delito. Durante el tiempo que Pinochet permaneció detenido en Londres, Labbé le visitó en 14 ocasiones. No en vano había sido el responsable de seguridad del dictador. *(167 palabras)*

Fuente: Eduardo Rodrigálvarez, El País, 22 de febrero de 2008; http://www.elpais.com/articulo/espana/DINA/Rioja/elpepuesp/20080222elpepinac_23/Tes

Wortangaben:

l. 2 las jornadas – el congreso
l. 2 la gestión – aquí: la administración
l. 6 el teniente coronel – Oberstleutnant

Lösungsvorschläge

I. Comprensión

1. ***Hinweis:*** *Sie sollen das Verhalten und die Handlungen der vier Hochzeitsgäste bei der Trauung von Mario und Beatriz beschreiben. Beachten Sie dabei ausdrücklich die Beschränkung auf die Hochzeit, also lediglich die Zeilen 8 bis 39.*

Mario Jiménez logra el consentimiento de Doña Rosa de casarse con su hija y la boda se celebra en la iglesia de la caleta chilena. Los invitados son Don Cosme, el telegrafista y jefe de Mario; Pablo Neruda, el gran poeta y padrino de la boda; Doña Rosa; y Don José, el padre de Mario.

Don Cosme está bromeando con Neruda sobre la elegancia de su traje. Se alegra de la suerte de los recién casados, le concede a Mario una semana de vacaciones y también lo dispensa de las reuniones políticas. Pablo Neruda explica que ha sido nombrado embajador en París y que tiene muy poco tiempo ya que va a tomar el avión tan pronto como se termine la fiesta. Con respecto a Doña Rosa, le revela a Mario en confianza sus temores de que su suegra no le dejará en paz, sino que habrá una guerra entre las metáforas y los refranes. A pesar de los esfuerzos de Mario, Neruda se niega a bailar al compás de los Beatles.

Al encontrarse Doña Rosa con Neruda, ésta mira al vate de arriba a abajo y le echa un refrán que muestra su desprecio. Pero durante la fiesta, adopta una postura más pragmática cuando acepta bailar con el padre de Mario. Don José pone música de vals tradicional la que suele bailarse en una boda. Al recordar a su esposa muerta, llora de emoción; no obstante, acaba bailando con Doña Rosa.

(242 palabras)

2. ***Hinweis:*** *Nehmen Sie im Folgenden die Veränderungen in Marios Leben* ***nach*** *seiner Hochzeit mit Beatriz in den Blick, also die Zeilen 40 bis 89.*

Hay varios cambios en la vida del protagonista después de casarse con Beatriz González. Primero, ya no está soltero y se legaliza su relación sexual con la bendición de la Iglesia («santificarse lo irreparable», l. 9); por eso, durante cuatro meses, Mario está gozando las «deliciosas prácticas» (l. 44/45). Segundo, Mario se traslada de la casa de su padre a la casa de su novia. Tercero, estando Neruda en París, Mario deja de ser cartero y está en paro. Su suegra le exige que se busque un trabajo. Mario está enfadado y frustrado, porque se da cuenta de que Beatriz, por primera vez, se pone del lado de su madre. Cuarto, se hace más realista y maduro, aceptando a regañadientes su nuevo oficio de cocinero que le ofrece su suegra.

(132 palabras)

3. ***Hinweis:*** *Hier wird von Ihnen eine Auflistung der Bezüge auf den politisch-historischen Kontext des Romans verlangt, die sich auf den gesamten Textauszug verteilen.*

En este fragmento de la novela hay muchas referencias al contexto político. Para empezar, el presidente Allende nombra a Neruda embajador en París (l. 14/15). Sin embargo, la prensa de oposición, con apenas tres meses de gobierno socialista, ya habla de «un estrepitoso fracaso» (l. 34). Don Cosme participa en unas reuniones políticas para respaldar las medidas del gobierno popular (l. 36/37). Además, hace un discurso «acerca de cómo ganar la batalla de la producción» (l. 68/69). La influencia política se manifiesta con mayor repercusión en el plan de vacaciones para unos obreros de una fábrica textil en Santiago (l. 76). Doña Rosa, conservadora, también quiere aprovechar de los beneficios del Estado y está de acuerdo con «ponerse a la altura de los tiempos» (l. 79/80), alentada por las ganancias que acarrearía un tal turismo. *(135 palabras)*

II. Análisis y comentario

1. ***Hinweis:*** *Untersuchen Sie bei dieser Aufgabe, zuerst ausgehend von der vorgegebenen Textstelle, Marios Haltung hinsichtlich der Notwendigkeit, seinen Lebensunterhalt durch Arbeit zu bestreiten. Dehnen Sie danach die Analyse auf das gesamte Werk aus.*

Al perder su único cliente con Neruda, Mario se encuentra otra vez sin trabajo, pero muestra despreocupación total ante su situación de desempleado. Su suegra tiene que recordarle la necesidad de ganarse la vida, utilizando palabras duras y violentas que le hacen poner bruscamente los pies en la tierra. La primera reacción de Mario a esta reprimenda es muy agresiva, haciéndose el ingenuo. No parece muy maduro, carece de responsabilidad, más bien está desamparado. Se muestra ofendido cuando Beatriz también exige que se busque un trabajo. Como solía comportarse antes de la boda, huye hasta San Antonio y busca las distracciones de cuando estaba célibe. Busca la ayuda de su ex-jefe Don Cosme y se refugia en casa de su padre. Es decir que cae en la regresión de su vida anterior cuando fingía estar enfermo para no tener que levantarse temprano y trabajar como pescador con su padre. En general, es perezoso y no le apetece trabajar. Sin embargo, le encanta su trabajo como cartero de Neruda. Pero el dinero no tiene ningún valor para él, siendo soñador y no materialista.
Después de su huida, regresa, arrepentido, a la caleta porque no tiene remedio, pero no tiene idea dónde encontrar un trabajo. Es decir que tampoco es realista, sino que piensa que con sólo esperar va a dársele otra oportunidad, alguien va a ofrecerle un trabajo. Al final, Mario acepta el trabajo de cocinero por la presión de Doña Rosa y de su esposa, aunque tiene la sensación de envejecer 10 años. Entiende que tiene que despertarse de su sueño y llegar a la realidad, la pura necesidad de ganarse la vida. *(273 palabras)*

2. ***Hinweis:*** *Hier ist die Bedeutung der Frauen in Marios Leben zu analysieren, wiederum zuerst ausgehend von der vorliegenden Textstelle, anschließend mit Blick auf den gesamten Roman.*

Las mujeres tienen mucha importancia en la vida de Mario. Basándose en este texto hay que mencionar primero a Rosa, viuda de González: Mario tiene miedo de ella, es un obstáculo para llegar a su amor. Es el cliché de la típica mala suegra. Cuando Mario pide la mano de Beatriz, no se atreve a esperar que ella lo consienta. No lo recibe a Mario como yerno con buenos ojos, hubiese deseado otro marido para su hija. Tienen una relación distanciada, ella sigue tratando a Mario de «usted».
En segundo lugar, Beatriz: Para Mario es la mujer de su vida, la encarnación de todos sus sueños; con ella, encuentra «un nuevo sabor» (l. 44), el cuerpo, la sensualidad y la sexualidad. Pero Beatriz, realista, igual que su madre, «con una sonrisa beatífica» (l. 87) lo empuja a que acepte hacerse cocinero.
Tomando en consideración el resto de la novela, hay que mencionar en tercer lugar a su madre muerta: siendo Mario huérfano de madre, le hacían falta el cariño y el amor maternal, no tenía modelo de mujer como para orientarse, por eso también se explica su timidez con las mujeres. Es decir que la imagen femenina, por un lado, está muy lejos (en el cielo), algo sagrado, como un ángel o la Santísima Virgen.
Por otro lado, en cuarto lugar están las actrices en las películas de Hollywood. Mario está enamorado de esas mujeres idealizadas, pero, en la realidad, no sabe cómo alcanzar a las colegialas en la plaza. Por eso, quería una dedicatoria de Neruda para impresionarlas.
Y por último, Matilde Urrutia, la esposa de Neruda, y las mujeres en los poemas del vate que tienen el papel de la musa como fuente de inspiración para la poesía, lo cual también es un cliché. *(288 palabras)*

III. Redacción

1. ***Hinweis:*** *Hier handelt es sich um eine kreative Aufgabe, noch einmal ausgehend vom literarischen Schwerpunktthema, mit der Aufgabenstellung, den Roman fortzuschreiben. Inhaltlich werden Kohärenz, Stringenz und – v. a. in den Personen und Zeitumständen – Plausibilität von Ihnen erwartet.*
Sprachlich: Achten Sie auf den Gebrauch der Vergangenheitszeiten, insbesondere auf den Unterschied von imperfecto *und* indefinido.

Beatriz, como si se hubiera paralizado, quedó largo tiempo mirando los coches desaparecer, el que llevó a Mario y el del diputado Labbé. Tardó mucho en comprender lo que había pasado, sobre todo que su hijo, el pequeño Pablo Neftalí seguía preguntando por su padre, no paraba de llorar, y por si fuera poco, cayó gravemente enfermo. Su madre, Doña Rosa, ante los problemas económicos de la hostería, repetía que ella tenía razón al advertirle a Beatriz de que Mario era irresponsable; si no, éste no hubiera arriesgado su vida por tan poco.

El padre de Mario, en cambio, estaba muy triste porque, después de su mujer, encima había perdido a su hijo. También fue interrogado por la policía, pero tuvieron que soltarlo por no encontrar nada.
Beatriz sólo actuó, sin pensar, cuidó a su hijo, lo llevó al hospital de Santiago donde, hacía pocos días, se había muerto Pablo Neruda. Pasaba horas de angustia, por eso no se dio cuenta de que en todas las calles había soldados, controles, rumores, denuncias y otras desapariciones.
En general, reinaba el miedo, la intimidación y el terror en esos días en Chile. Por poco se murió el pequeño Pablo Neftalí, pero Beatriz, por muy cansada que estuviera, no abandonó la esperanza de que convaleciera, porque él era el único recuerdo de su marido, al que iba pareciéndose cada día más. Sin quererlo, sus pies la llevaron al cementerio, al sepulcro de Pablo Neruda. Allí se quedó unas horas, llorando y pensando en el poeta y en su marido. Al salir del cementerio, volviendo al hospital, Beatriz se sintió aliviada y mucho más fuerte.
Entonces, sabía con certeza que Pablo Neftalí iba a sobrevivir, como también Chile iba a superar la pesadilla de los años de la dictadura de Pinochet, aunque fuesen años de pesadumbre, pena y sufrimiento para muchos. *(310 palabras)*

2. ***Hinweis:*** *Diese Aufgabe geht von einem Foto zum Tourismus im Spanien der 60er-Jahre aus. Sie ist zweigeteilt in eine Bildbeschreibung und in eine Interpretation des dargestellten Phänomens des Tourismus „vor dem Hintergrund des Franquismus". Hierbei ist kein Faktenüberblick über die verschiedenen Phasen des Franquismus gefragt, sondern eine Verknüpfung und Durchdringung der beiden Themenkomplexe „Tourismus" und „Geschichte Spaniens unter Franco".*
Wichtig ist demnach der Begriff „Kulturschock", der zu einem sozio-kulturellen Wandel in der spanischen Bevölkerung führte, was eine Schwächung des diktatorialen Systems und dessen Stützpfeiler (katholische Kirche) zur Folge hatte.

En la foto se pueden ver dos grupos de personas: A la izquierda hay una mujer, probablemente turista, que lleva un bañador, pero casi está desnuda. Está de pie delante de su caravana, haciendo camping en la playa. Del paisaje, se pueden ver unas palmeras, poca vegetación, y se supone que hace mucho calor. A la derecha hay un grupo de españoles, hombres y mujeres vestidos de negro. En el centro hay dos mujeres, en ropa tradicional, que se atreven a acercarse a la turista, entre asombro, espanto e indignación. Se trata del enfrentamiento de dos sociedades diametralmente opuestas.
Esta foto ilustra el comienzo del turismo y del desarrollo económico de España a partir de los años sesenta, porque en aquel entonces, después de los años del aislamiento de España, había cierta apertura al extranjero. El gobierno quiso dar una imagen atractiva de España a los primeros turistas con un eslogan que rezaba «España es diferente». Logró atraer a muchos turistas por los factores como el buen tiempo, el paisaje bonito (el turismo de «sol y playa») y los precios baratos. Con la promoción del turismo como fuente de ingresos, la economía podía restablecerse, lo que llevó a una etapa de intenso crecimiento que se conoce como «el milagro económico». Pero al mismo tiempo, ese fuerte crecimiento económico se vio

acompañado por una rápida transformación social, porque esa apertura también significó el contacto con otros modelos de vida que debilitaron la autoridad de las instituciones franquistas. Así que se puede decir que el turismo tuvo especial importancia histórica como fenómeno que propició cambios ideológicos y culturales en la sociedad española, que, a largo plazo, iban a transformar los hábitos de vida de los españoles. Era el escaparate en el que España contemplaba las sociedades libres de Europa. La foto hace hincapié en este contraste entre el mundo español tradicional, católico, y el mundo moderno y liberal de los turistas. *(318 palabras)*

3. ***Hinweis:*** *Aufgabe 3 besteht aus einer sog.* redacción libre *über die Folgen der Eroberung von Lateinamerika bis heute, vom europäischen Standpunkt Spaniens und dem der indigenen Völker aus. Hierbei ist es durchaus möglich, die Problematik der indigenen Völker anhand* ***eines*** *lateinamerikanischen Landes exemplarisch zu verdeutlichen.*

La conquista de Latinoamérica empezó a partir de 1492, después de su descubrimiento por Cristóbal Colón. En los años siguientes, hubo muchas expediciones para explorar el Nuevo Mundo, pero también para buscar aventura, atraídas por la leyenda de «El Dorado» de encontrar allí inmensas riquezas. Muchos conquistadores como Hernán Cortés o Francisco Pizarro vinieron en nombre del Rey de España. Para los españoles, empezó el período de expansión, según el lema del «reino en el que no se ponía el sol». En general, durante la colonización, los españoles trataron de imponer en los territorios conquistados – los denominados «virreinatos» – las mismas estructuras económicas que en el Viejo Mundo, lo que llevó a la destrucción de la cultura autóctona y a la explotación de los indígenas. Muchos de ellos murieron a causa de enfermedades llevadas por los conquistadores, trabajando en la «mita», un sistema de trabajo forzado, o en la «encomienda», un sistema de carácter feudal, en el cual los indígenas eran siervos de los conquistadores y a cambio recibían su protección.
Al mismo tiempo había, por parte de los españoles, un afán de evangelizar a los indígenas. No obstante, también había voces de autocrítica, por ejemplo de Fray Bartolomé de las Casas, quien denunció abusos contra los indígenas. La sociedad colonial tenía una estructura sumamente jerárquica, en cuya base se encontraban los mestizos, los mulatos, los indios y los negros. Esta estructura se ha mantenido hasta hoy en día, con la marginación y discriminación étnica y racial, por ejemplo en Perú. Una vez lograda la independencia, las antiguas colonias han conservado el castellano como lengua oficial en todos los países hispanoamericanos, lo cual ha creado ciertos problemas de identidad propia. Sin embargo, los lazos íntimos entre España, la antigua metrópoli, y los países latinoamericanos han permanecido muy fuertes hasta hoy día; tanto por su historia como por compartir la misma lengua y cultura, España constituye un puente entre Hispanoamérica y Europa, por lo cual se ha consolidado como un país de acogida para muchos inmigrantes de Latinoamérica. *(340 palabras)*

IV. Versión

Von der DINA in die Rioja

Am 5. Februar nahmen einige Beamte aus der Rioja und spanische Bürgermeister an der Tagung/dem Kongress zum Thema/über Innovation/Neuerung und kulturellen Wandel in der öffentlichen Verwaltung teil. Die Tagung/der Kongress hatte einen ganz besonderen Redner/Referenten, [nämlich/und zwar]: Cristián Labbé, Bürgermeister der chilenischen Gemeinde Providencia. Die besondere Nuance/das interessante Detail dabei ist, dass Cristián Labbé mehr ist/hinter Cristián Labbé etwas mehr steckt als die Ämter auf seiner Visitenkarte/als die Ämter, die auf seiner Visitenkarte stehen, vermuten lassen.

Labbé ist (ein) pensionierter Oberstleutnant/ein Oberstleutnant a. D. des chilenischen Heeres/der chilenischen Streitkräfte und war während der Diktatur von General Pinochet Mitglied der DINA, der politischen Polizei, die für Tausende Fälle von Folter im Andenstaat verantwortlich war. Er wurde aufgrund einiger Anzeigen wegen Folter gerichtlich belangt/vor Gericht gestellt/angeklagt, insbesondere wegen/für die in der Haftanstalt „Tejas Verdes“ durchgeführten Folterungen, von denen er [allerdings] freigesprochen wurde, weil nach Ansicht/Meinung des Richters das Unterrichten von Foltermethoden kein Verbrechen darstelle/sei/da der Richter befand, dass … Während der Zeit, die Pinochet in London in Haft war/inhaftiert war/gefangen saß/in Gefangenschaft verbrachte, besuchte ihn Labbé 14-mal/in 14 Fällen. Nicht umsonst war er der Verantwortliche in puncto Sicherheit/Sicherheitsbeauftragter des Diktators gewesen.

«No reconocí a mis hijos, ni ellos a mí»

Hace pocos meses, la colombiana Luz Marina A., de 51 años, acudió a un locutorio para poder ver, por primera vez en siete años, a sus dos hijos en Bogotá, de 18 y 12 años, a través de una cámara conectada a Internet. «No pude decir una palabra. Lloraba. Yo no les reconocía físicamente, ni ellos a mí. Y lo peor de todo es que me preguntaban por el dinero.» Luz Marina no puede viajar a su país porque, al estar irregularmente en España, si sale, no podrá entrar. La mensualidad de 400 euros a sus hijos, de los que se separó cuando tenían diez y cuatro años, forma parte de los más de 7.500 millones de euros transferidos por los inmigrantes en España a sus familias el pasado año. […]

El masivo desembarco de divisas ayuda al desarrollo, pero esconde desgarros familiares, rupturas matrimoniales, hijos descontrolados, pérdida de afectos, depresiones, malos tratos y suicidios. Son los *daños colaterales* de la inmigración, fundamentalmente femenina: el drama invisible. «No sé si hice bien en venirme a España», dice Luz Marina, cuidadora de una anciana española. La mayoría de las mujeres separadas de sus esposos e hijos por la inmigración sufre las dolorosas consecuencias de una lejanía y un reagrupamiento que tarda en llegar, o fracasa porque los miembros de la familia ya no se aceptan, ni se reconocen. Apenas hay estadísticas sobre un fenómeno que se sufre calladamente, sin registro demoscópico.

España cuenta con 1.700.000 mujeres inmigrantes, con una media de 34 años de edad, el 80 % de ellas empleadas en el servicio doméstico, el comercio y la hostelería, según datos oficiales. El 54,2 % de la inmigración latinoamericana es ahora femenina. […] Muchas no encuentran sentido a su presencia en España, se arrepienten de haber venido, viven solas y tristes, y creen que su trabajo no les permitirá alcanzar sus sueños. «Son mujeres que se sienten cada día más lejos de los suyos, atrapadas y sin futuro: ni en su país, ni en España», resalta Gema De Cabo, jefa de proyectos del Centro de Estudios Económicos Tomillo. […] Son mujeres que han cambiado su personalidad en España: se han hecho más libres. El desarrollo de esa individualidad, sin embargo, entra en colisión con el secular machismo del esposo.

La entrada en colisión responde a que la mujer inmigrante es autónoma, tiene un empleo e ingresos propios y ya no depende de su pareja, mayoritariamente machista. En muchos casos mantiene a toda la familia. «El hombre no lo acepta bien y ahí se produce un deterioro de las relaciones y frecuentemente el maltrato», agrega Aguirre.

El formato es éste: el esposo llega a Madrid, Barcelona o Málaga después de años de separación y se topa con una esposa menos sumisa, menos dispuesta a aguantar los gritos, la bebida y las infidelidades. En ocasiones, la esposa mantiene relaciones con otro compatriota o con un español. Pero hasta el reencuentro, bueno o malo, los maridos e hijos esperan el dinero de España como agua de mayo. «Yo quiero lo mejor para ellos, pero no dejan de pedir. El otro día tuve una gran bronca con mi hija adolescente porque no quiero mandarle dinero para un ordenador y un móvil. Hay otras necesidades más urgentes», señala la paraguaya Elvira, empleada en el servicio doméstico. Es otro de los *daños colaterales:* cuentan con más dinero que sus amigos, cuyos padres en Asunción pueden ganar 300 ó 400 euros al mes. El 40 % de los habitantes de la región vive en la pobreza.

Rosa Peris, directora del Instituto de la Mujer, constata que aumenta el número de mujeres protagonistas de proyectos migratorios autónomos para mejorar sus condiciones de vida «y aliviar las formas de control social tradicionales, y que no quieren reproducir los modelos de vida de las mujeres de su entorno, que quieren estudiar y ejercer una profesión». Son mujeres pioneras que pagan cara su emancipación.

(642 palabras)

Fuente: Juan Jesús Aznárez: No reconocí a mis hijos, ni ellos a mí. El País, 23 de marzo de 2008

Wortangaben:

l. 12/41 daños colaterales – consecuencias dolorosas
l. 28 secular – que existe desde hace siglos
l. 37 esperar algo como agua de mayo – esperar algo con mucho deseo

I. Comprensión (aproximadamente 300 palabras)

1. Presente las consecuencias negativas que sufren muchas mujeres latinoamericanas inmigrantes.
2. Describa los efectos positivos que conlleva la inmigración para estas mujeres.

(15 Punkte)

Bitte beachten Sie, dass entweder Teil II (Análisis y comentario) oder Teil IV (Versión) zu bearbeiten ist.

II. Análisis y comentario (aproximadamente 250 palabras)

Elija **uno** de los siguientes temas:

1. Exponga partiendo del texto las causas por las que emigran las madres de familia y las consecuencias que tiene para el resto de la familia el envío del dinero.

o

2. Según el texto, el 80 % de las mujeres trabaja en el servicio doméstico, la hostelería, el comercio, y muchas de ellas se sienten «atrapadas y sin futuro» (l. 24/25).
   Analice la relación que existe entre esos tipos de trabajo y ese sentimiento.

(10 Punkte)

III. Redacción (aproximadamente 250 palabras)

Elija **uno** de los siguientes temas:

1. En las calles del barrio de Queens, Nueva York, fue distribuido este anuncio en 2008.
   Descríbalo y coméntelo.

o

2. Describa e interprete la caricatura teniendo en cuenta la situación económica y social de los jóvenes en España.

© *forges*

o

3. Tras el éxito de la película «El Cartero y Pablo Neruda» (título original: «Il Postino») de Michael Radford, la editorial sustituyó el título original de la novela «Ardiente paciencia» por «El cartero de Neruda».

   ¿Cuál de los dos títulos le parece más adecuado? Compárelos y justifique su opinión. (10 Punkte)

Sprache 45 Punkte

IV. Versión

(10 Punkte)

Bitte beachten Sie, dass entweder Teil II (Análisis y comentario) oder Teil IV (Versión) zu bearbeiten ist.

Discriminación contra las mujeres gitanas en España

El Centro Europeo para los Derechos de los Roma presentó el año pasado un informe sobre la situación de las mujeres gitanas en España.

La violencia doméstica es un tema tabú entre las mujeres gitanas que son reacias en muchos casos a hablar sobre ello a los trabajadores sociales. [...] Los estereotipos de «hombre gitano violento» y de comunidad «proclive al delito» tienen un serio impacto en la manera en la que la mujer gitana describe la violencia doméstica. Ella raramente recurre a las medidas propuestas para luchar contra la violencia de género, dado que no confía en las instituciones de una sociedad en la que los prejuicios raciales como los señalados están muy extendidos.

Este ejemplo demuestra claramente que el género en combinación con estereotipos raciales crea un tipo de barrera para la mujer gitana víctima de violencia doméstica, al ser privada de un recurso para defender sus derechos. *(157 palabras)*

Fuente: según Blas López-Angulo, 16/06/05 http://www.rebelion.org/noticias/2005/6/16506.pdf

Wortangaben:

l. 3/4 reacio – widerstrebend
l. 6 impacto – aquí: efecto

Lösungsvorschläge

I. Comprensión

1. ***Hinweis:** Sie sollen die <u>negativen</u> Folgen für die aus Lateinamerika stammenden Migrantinnen darstellen. Die positiven Folgen sind erst später gefordert – vergleiche Aufgabe 2 der* Comprensión. *Lesen Sie immer alle Aufgabenstellungen gleich zu Beginn durch, um solche „Stolpersteine" frühzeitig zu erkennen.*

   Según el artículo de prensa «No reconocí a mis hijos, ni ellos a mí», publicado en 2008 en «El País», son varias las consecuencias negativas que sufren muchas mujeres latinoamericanas inmigrantes.
   El autor Juan Jesús Aznárez enumera toda una serie de «daños colaterales», como por ejemplo, la destrucción de las familias por la separación de la mujer y la nostalgia de la patria y de los suyos, de lo cual pueden resultar enfermedades psíquicas como depresiones o hasta suicidios. Las mujeres están aisladas, se sienten desarraigadas y apátridas porque están nadando entre dos aguas, es decir que viven perdidas entre dos mundos. Muchas de ellas se arrepienten de haber venido a España.
   Si han llegado ilegalmente a España, no pueden viajar a su país para visitar a su familia, de ahí que sólo les quedan los medios de comunicación como el teléfono y el Internet. Es muy difícil mantener la relación con sus hijos, quienes a menudo ni siquiera reconocen a su madre y la reducen a dinero. A los hijos les falta el amor, pero también el control maternal.
   Tampoco es fácil para el matrimonio, puesto que las familias llevan años sin contacto y cuando vuelven a reunirse, los miembros de la familia tienen que reconocer que se han vuelto ajenos los unos de los otros. Cada vez hay más conflictos entre la pareja por el cambio de la relación y la falta de comprensión mutua, lo cual, en el peor de los casos, puede conducir a disputas violentas y el maltrato de las mujeres.
   (256 palabras)

2. ***Hinweis:** Komplementär wird jetzt gefordert, auf die <u>positiven</u> Nebeneffekte der Einwanderung für die aus Lateinamerika stammenden Frauen einzugehen.*

   Sin embargo, la inmigración conlleva también efectos positivos para las mujeres, como por ejemplo, el desarrollo de su individualidad y su autonomía. Han logrado su libertad personal, tienen un empleo e ingresos propios y ya no dependen de su pareja. A menudo son ellas quienes mantienen a toda la familia, es decir que se ha producido una inversión de los roles tradicionales, con tremendas repercusiones en una sociedad tan machista como la de muchos países latinoamericanos. Hay un aumento del número de mujeres que participan en proyectos migratorios autónomos, es decir que toman conciencia de sus derechos. Se hacen independientes, quieren mejorar sus condiciones de vida, quieren estudiar y trabajar, según Rosa Peris, directora del Instituto de la Mujer.
   (119 palabras)

II. Análisis y comentario

1. ***Hinweis:** Beachten Sie, dass diese Aufgabe zweigeteilt ist. Erstens sollen Sie ausgehend vom Text die sog. Push- und Pull-Faktoren von Migration darlegen, hier im Fall der Mütter, die ihre Familien zurücklassen. Zweitens sollen Sie die Konsequenzen für die Rest-Familie in den Blick nehmen, die aus der Abhängigkeit von den Geldüberweisungen der Mutter entstehen.*
Wichtig ist dabei der Ausdruck „esperar algo como agua de mayo" (esperar: *(er)warten, (er)hoffen;* como agua de mayo: *wie ein Geschenk des Himmels), vgl. das sprichwörtliche biblische Manna* (maná: regalo enviado por Dios). *Das heißt, die Wartenden verharren in Passivität, ohne eigenes Zutun, und hoffen, dass eine übernatürliche Macht die Not erkennt und Abhilfe schafft.*

Las causas de la emigración femenina se encuentran, por un lado, en el país de origen (los denominados factores de empuje), como por ejemplo, motivos demográficos, es decir una alta mortalidad infantil y, por consiguiente, una baja esperanza de vida. También hay motivos socio-económicos como poca formación escolar, una tasa alta de analfabetismo y de ahí una tasa elevada de paro. Es decir que gran parte de la población vive bajo el límite de la pobreza. Se trata de un círculo vicioso: muchos niños, pobreza, fracaso escolar o bajos niveles educativos, y salarios mínimos, es decir trabajo mal pagado.
Por otro lado, hay los denominados factores de atracción (en el país de acogida), como por ejemplo, el sueño de una vida mejor, de ganar mucho dinero y enriquecerse, de mejorar la situación económica y social de su familia dándoles mejores perspectivas a sus hijos, tal vez también liberándose a la vez de un esposo violento.
Las consecuencias para el resto de la familia son graves, porque existe una dependencia total de las remesas maternas. El texto habla de un «masivo desembarco de divisas» que «ayuda al desarrollo» (l. 10), en total más de 7. 500 millones de euros transferidos por los inmigrantes en España a sus familias (en 2007). Las familias «esperan el dinero de España como agua de mayo» (l. 36 s.), es decir que reciben dinero sin hacer ningún esfuerzo. Resulta que tienen más dinero que su entorno social puesto que una mensualidad de 400 euros equivale al máximo de un salario normal allí (mucha gente tiene incluso menos).
Los hijos, sin embargo, no saben apreciar el sacrificio de la madre, se hacen materialistas pidiendo cada vez más dinero para objetos de lujo como ordenadores y móviles (ejemplo de la hija adolescente de la paraguaya Elvira). La relación entre la madre y el resto de la familia está reducida al envío del dinero. *(315 palabras)*

2. ***Hinweis:** Bei Aufgabe 2 sollen Sie, ausgehend von einem Textzitat, den Zusammenhang zwischen diesen Frauenberufen im Dienstleistungssektor und dem Gefühl des Gefangenseins/In-eine-Falle-Geratenseins bzw. der Perspektivlosigkeit analysieren.*

Según datos oficiales, el 80 % de las mujeres inmigrantes encuentra trabajo en el servicio doméstico, el comercio y la hostelería, como lo demuestran los ejemplos del texto: tanto la colombiana Luz Marina A. es cuidadora de una anciana española como la paraguaya Elvira es empleada en el servicio doméstico. Se puede suponer que aún son más del 80 %, porque la cifra negra es mucho más alta por la inmigración ilegal. En general, se trata de puestos de trabajo en el sector terciario que, muchas veces, son precarios o, en el caso de la hostelería, es trabajo estacional, ya que, como es normal en el turismo, depende de la temporada alta, sobre todo en verano.
Como las inmigrantes ilegales no tienen ni el permiso de residencia, ni el de trabajo, forman parte de los «sin papeles» que tienen que trabajar en negro. Siendo desgraciadamente así, las mujeres se ven obligadas a aceptar trabajos mal pagados, sin contratos, sin seguridad social, sin ningún tipo de seguros (ni el seguro médico, ni de desempleo, ni de pensiones). Tienen que trabajar en condiciones humillantes e infrahumanas sin posibilidades de ascenso. Se trata de trabajos pesados, mal vistos, sin perspectiva, que muchos españoles rechazan hacer. El trabajo a tan bajo precio se logra obtener, en muchos casos, por medio del chantaje de la denuncia de su ilegalidad. Muchas mujeres también tienen que vender su cuerpo en la prostitución.
Resumiendo se puede decir que las mujeres tienen razón creyendo que «su trabajo no les permitirá alcanzar sus sueños» (l. 23 s.), sintiéndose «atrapadas y sin futuro» (l. 24 s.). Además, no hay que olvidarlo, son madres altruistas que se sacrifican por la familia, así que les queda poco espacio, tiempo y dinero para realizar sus propios sueños e intereses. *(295 palabras)*

III. Redacción

1. ***Hinweis:*** *Diese Aufgabe besteht aus einem Bildimpuls (Optikerwerbeflyer) und dem Zusatz: „En las calles del barrio de Queens, Nueva York, fue distribuido este anuncio en 2008."*
Die Operatoren verlangen von Ihnen eine Beschreibung und einen Kommentar, wobei vor allem natürlich die Tatsache hervorgehoben werden muss, dass der Flyer, obwohl in den USA verteilt, auf Spanisch verfasst ist. Es handelt sich also nicht um „spanglish". Möglich wäre ein Verweis auf die US-Sprachpolitik und die Anhänger der „English Only"-Aktion.
Dieser Aufgabe liegt nochmals die Migrationsthematik zugrunde (wie bereits bei den Aufgabenteilen Comprensión *und* Análisis y comentario*).*

Este anuncio hace publicidad para la apertura de una óptica (de nombre inglés: M. J. Optical) en Jackson Heights. El título está escrito en grandes letras, debajo del cual podemos leer dónde se encuentra la tienda (en inglés: Roosevelt Shopping Center), un número de teléfono y la pregunta «¿porque pagar mas?» (así, con errores de ortografía). Hay varias ofertas especiales para gafas y lentes de contacto, de las cuales los precios están en dólares. Lo interesante es que la mayor parte del

anuncio está en castellano, pese al hecho de que la tienda se ubica en Nueva York, Estados Unidos, donde se suele hablar inglés. También hay algunas palabras en inglés, como por ejemplo «FreshLook» o «Colorblends», pero uno casi no se da cuenta en el anuncio.
En vista del hecho de que cada vez más hispanohablantes inmigran a Estados Unidos, el inglés ya no es la lengua común que se oye en las calles de Nueva York. Algunos inmigrantes no tienen acceso a una buena educación, y, por eso, no son capaces de hablar y comprender el inglés suficientemente. Otros, al llegar a Estados Unidos, se asimilan a la cultura anglosajona y aprenden el inglés.
En los años noventa nació un debate sobre el estatus del inglés (la campaña *English Only*), cuyos defensores querían declarar el inglés la única lengua oficial de EE. UU. No obstante, el castellano es allí la segunda lengua más hablada. La presencia del castellano en las escuelas, las universidades, la administración y los medios de comunicación estadounidenses es cada vez mayor. Por eso, no es sorprendente que la publicidad también haya percibido que económicamente los «hispanos» o «latinos» son un mercado de gran importancia. Cabe mencionar que Barack Obama y también ya George W. Bush hicieron una campaña electoral bilingüe, mostrando que los «hispanos» son una fuerza política imprescindible y que EE. UU. se ha convertido en una sociedad bilingüe. *(316 palabras)*

2. ***Hinweis:*** *Aufgabe 2 besteht aus einer Karikatur (mit einer Sprechblase, span.* un bocadillo*) zur aktuellen Arbeitsmarktpolitik in Spanien. Sie sollen die vorliegende Karikatur unter Einbeziehung des Hintergrundwissens zum Thema „la situación económica y social de los jóvenes en España" beschreiben und interpretieren. Beachten Sie hierzu auch die Übungsaufgabe 3 („La generación de los mil euros") in diesem Band.*

En la caricatura se pueden ver a dos personas que están sentadas a ambos lados de una mesa. A la izquierda, hay un hombre mayor, sentado en una silla de oficina típica de jefe, vestido de traje y corbata, muy seguro de sí mismo. Enfrente de él, hay un chico joven con una mochila que parece tímido o quizás frustrado. No gesticula como el hombre de la izquierda, sino que sólo está sentado en una silla mucho más pequeña, con las manos en las rodillas. Se trata de una entrevista de trabajo porque el hombre dice «Le vamos a firmar un contrato de 5 minutos y luego ya veremos», mientras que el chico de la derecha se calla.
Esta caricatura critica la situación actual de los jóvenes en el mercado laboral de España y la tendencia de dejarles hacer prácticas gratuitas en vez de hacerles contratos decentes, como lo demuestra la caricatura: el jefe ofrece «un contrato de cinco minutos» que no da ninguna seguridad laboral y así tampoco una seguridad financiera a los jóvenes. Claro que el humorista está exagerando con la oferta de un contrato de cinco minutos, burlándose de los contratos de tres meses para los jóvenes en España. Es el problema de la generación de los «mileuristas» que sólo ganan 1. 000 euros al mes, que no les alcanzan para pagar el alquiler de un propio piso, lo que les obliga a muchos jóvenes a seguir viviendo en casa de sus padres. Esta es una situación que, por su parte, causa problemas como dónde encontrarse

con el novio, por ejemplo. La inseguridad económica y, en el peor de los casos, el desempleo juvenil, también empeoran la situación social de los jóvenes, quienes con cada vez más frecuencia ven como única solución el alcohol y las drogas. Si bien todos los jóvenes no están tan frustrados, al menos están desilusionados y sin ningún optimismo, como el joven en la caricatura. *(323 palabras)*

3. ***Hinweis:*** *Aufgabe 3 greift das literarische Schwerpunktthema (Antonio Skármeta: „Ardiente paciencia (El cartero de Neruda)" unter Einbeziehung von Verfilmungen") auf und geht genau auf diese Wechselwirkung von Filmerfolg und Umbenennung bzw. Vergabe des Untertitels „El cartero de Neruda" (Werbestrategie des „Buchs zum Film") ein. Achten Sie jedoch darauf, dass der Filmtitel „El Cartero y Pablo Neruda" lautet, also nicht identisch ist mit dem Untertitel des Romans.*
Die Operatoren verlangen einen Vergleich und eine begründete Meinung. Erwartet wird ein argumentativer, schlüssig aufgebauter Text, der beide Titel analysiert und eine persönliche Präferenz enthält.

El título original de la novela era «Ardiente paciencia» y estas palabras, antes que nada, son una cita del poeta francés Arthur Rimbaud. Pablo Neruda, al recibir el Premio Nobel de Literatura, las tradujo al castellano y empezó así su discurso de agradecimiento en Estocolmo. Se trata de un oxímoron, una figura literaria consistente en la unión de dos términos de significado opuesto. Lejos de excluirse, se complementan para resaltar el mensaje que transmiten: «ardiente» es un adjetivo lleno de pasión, emoción y fuego, mientras que «paciencia», al contrario, es un sustantivo que sugiere tranquilidad y lentitud. Lo normal sería la colocación «ardiente <u>im</u>paciencia».
Neruda les dio una interpretación política a estas palabras, lo mismo que Skármeta, eligiéndolas como título de la novela. Además, el título es un ejemplo de la intertextualidad en la obra.
Tras el éxito de la película italo-estadounidense, la editorial sustituyó el título original por «El cartero de Neruda». Es obvio que era una estrategia para aumentar las ventas de la novela con un título similar al de la película. Hay que destacar el nombre de Neruda, porque despierta la curiosidad del potencial comprador. Este título evoca y se centra en la relación entre el poeta famoso y su cartero, es un título mucho más concreto que ayuda a incitar al potencial lector a comprar el libro.
Aunque puedo entender perfectamente por qué la editorial sustituyó el título original por un título aludiendo al éxito de taquilla, opino que hay que conservar el título de «Ardiente paciencia» porque en el discurso de Neruda está concentrado el mensaje de la novela entera. No hay que olvidar que no existe esta escena central en la película italo-estadounidense, como tampoco existen allí el Golpe militar por Pinochet y la detención de Mario por motivos políticos. *(296 palabras)*

IV. Versión

Diskriminierung von Zigeunerinnen / von Roma-Frauen/ weiblicher Roma in Spanien

Das Europäische Zentrum für die Rechte der Roma stellte letztes Jahr einen Bericht zur / über die Situation der Zigeunerinnen / Roma-Frauen in Spanien vor.
Häusliche Gewalt / Gewalt in der Ehe ist ein Tabuthema unter den weiblichen Roma, die in vielen Fällen / häufig / oft nur widerstrebend mit Sozialarbeitern darüber sprechen. [...] Klischees / Vorurteile wie „gewalttätiger / gewaltbereiter Zigeuner" und „zum Verbrechen / zur Straftat neigende" Gemeinschaft / Gemeinschaft „mit einem Hang zum Kriminellen" haben beträchtliche / gravierende Auswirkungen auf die Art und Weise, wie die Roma-Frau häusliche Gewalt / Gewalt in der Ehe beschreibt / schildert. Sie nimmt nur selten die Maßnahmen in Anspruch, die angeboten / empfohlen werden, um gegen häusliche Gewalt / Gewalt in der Ehe zu kämpfen / vorzugehen, aufgrund der Tatsache, dass / da sie den Einrichtungen einer Gesellschaft misstraut / kein Vertrauen in die Institutionen einer Gesellschaft hat / den Institutionen einer Gesellschaft Argwohn entgegenbringt / argwöhnisch gegenüber steht, in der rassistische Vorurteile wie die genannten / oben erwähnten weit verbreitet sind.
Dieses Beispiel beweist / belegt / macht / zeigt deutlich / klar, dass das Geschlecht / Gender / die Geschlechtszugehörigkeit in Verbindung mit rassistischen /ethnischen Stereotypen / Vorurteilen eine Art Barriere / Schranke bildet / schafft / erzeugt für eine Roma, die Opfer häuslicher Gewalt / Gewalt in der Ehe ist / wird/ häuslicher Gewalt zum Opfer fällt, da sie der Inanspruchnahme von Hilfsmöglichkeiten / der Möglichkeit beraubt ist / ihr die Möglichkeit entzogen / genommen ist / wird, ihre Rechte zu verteidigen.

Abiturprüfung Baden-Württemberg
Spanisch 2011

Dos días más tarde, un afanoso camión cubierto por afiches con la imagen del vate que rezaban «Neruda, presidente» llegó a secuestrarlo de su refugio. El poeta resumió la impresión en su diario: «La vida política vino como un trueno a sacarme de mis trabajos. La multitud humana ha sido para mí la lección de mi vida. Puedo llegar a ella con la inherente timidez del poeta, con el temor del tímido, pero, una vez en su seno, me siento transfigurado. Soy parte de la esencial mayoría, soy una hoja más del gran árbol humano».

Una mustia hoja de ese árbol acudió a despedirlo: el cartero Mario Jiménez. No tuvo consuelo ni cuando el poeta, tras abrazarlo, le obsequiara con cierta pompa la edición Losada en papel biblia y dos volúmenes encuadernados en cuero rojo de sus Obras Completas. No lo abandonó la desazón tampoco al leer la dedicatoria que otrora hubiera superado su anhelo: «A mi entrañable amigo y compañero Mario Jiménez, Pablo Neruda».

Vio partir el camión por el sendero de tierra, y deseó que ese polvo que levantaba lo hubiera cubierto definitivamente como a un robusto cadáver.

Por lealtad al poeta, juró no quitarse la vida sin antes haber leído cada una de esas tres mil páginas. Las primeras cincuenta las despachó al pie del campanario, mientras el mar, que tantas fulgurantes imágenes inspirara al poeta, lo distraía cual un monótono consueta con el estribillo: «Beatriz González, Beatriz González».

Anduvo dos días merodeando el mesón con los dos volúmenes amarrados a la parrilla de la bicicleta, y un cuaderno marca «Torre» que adquirió en San Antonio donde se propuso anotar las eventuales imágenes que su trato con la torrencial lírica del maestro le ayudara a concebir. En ese lapso, los pescadores lo vieron afanarse con el lápiz, desfalleciente a las fauces del océano, sin saber que el muchacho llenaba las hojas con deslavados círculos y triángulos, cuyo nulo contenido eran una radiografía de su imaginación. Bastaron esas pocas horas, para que corriera la voz en la caleta, que ausente Pablo Neruda de Isla Negra, el cartero Mario Jiménez se empeñaba en heredar su cetro. Profesionalmente ocupado de su minucioso desconsuelo, no se percató de los chismes y pullas hasta que una tarde en que trajinaba las páginas finales de *Extravagario* sentado en el molo, donde los pescadores ofrecían sus mariscos, llegó una camioneta con altoparlantes que proclamaba entre chirridos la consigna «A parar al marxismo con el candidato de Chile: Jorge Alessandri» matizada por otra no tan ingeniosa, pero al menos cierta: «Un hombre con experiencia en el gobierno: Jorge Alessandri Rodríguez». Del bullicioso vehículo descendieron dos hombres vestidos de blanco, y se acercaron al grupo con sonrisas pletóricas, escasas en las inmediaciones donde la carencia de dientes no favorecía esos derroches. Uno de ellos era el diputado Labbé, representante de la derecha en la zona, quien había prometido en la última campaña extender el servicio eléctrico hasta la caleta, y que lentamente se iba acercando a cumplir su juramento como constaba con la inauguración de un desconcertante semáforo – aunque con los tres colores reglamentarios – en el cruce de tierra por donde transitaba el camión que recogía pescados, la bicicleta Legnano de Mario Jiménez, burros, perros y aturdidas gallinas.

– Aquí estamos, trabajando por Alessandri – dijo, mientras le extendía volantes al grupo. Los pescadores los tomaron con la cortesía que dan los años de izquierda y analfabetismo, miraron la foto del anciano ex-mandatario, cuya expresión calzaba con sus prácticas y prédicas austeras, y metieron la hoja en los bolsillos de sus camisas. Sólo Mario se la extendió de vuelta.

– Yo voy a votar por Neruda – dijo.

El diputado Labbé extendió la sonrisa dedicada a Mario al grupo de pescadores. Todos se quedaban prendados de la simpatía de Labbé. Alessandri mismo quizás lo sabía y por eso lo enviaba a hacerle campaña entre pescadores eruditos en anzuelos para pescar, y en evitarlos para ser cazados.

– Neruda – repitió Labbé, dando la impresión que las sílabas del nombre del vate recorrieran cada uno de sus dientes –. Neruda es un gran poeta. Quizás el más grande de todos los poetas. Pero, señores, francamente no lo veo como presidente de Chile.

Acosó con el volante a Mario, diciéndole:

– Léelo, hombre. A lo mejor te convences.

El cartero se guardó el papel doblado en el bolsillo, mientras el diputado se agachaba a remover las almejas de un canasto.

– ¿A cuánto tienes la docena?

– ¡A ciento cincuenta, para usted!

– ¡Ciento cincuenta! ¡Por ese precio me tienes que garantizar que cada almeja trae una perla!

Los pescadores se rieron, contagiados por la naturalidad de Labbé; esa gracia que tienen algunos ricos chilenos que crean un ambiente grato donde se paran. El diputado se levantó, con un par de pasos se distanció de Mario y llevando ahora la simpatía de su áulica sonrisa casi hasta la bienaventuranza, le dijo en voz lo bastante alta como para que nadie quedara sin escuchar:

– He oído que te ha dado por la poesía. Dicen que le haces la competencia a Pablo Neruda.

Las carcajadas de los pescadores explotaron tan rápidas como el rubor en su piel [...]. *(856 palabras)*

Fuente: Antonio Skármeta, Ardiente paciencia (El cartero de Neruda), Reclam, 2006, pp. 49–54

Wortangaben:

l. 1	afanoso – aquí: ächzend
l. 6	el seno – el interior
l. 9	obsequiar – regalar
l. 11	la desazón – un estado de tristeza
l. 12	el anhelo – el deseo intenso
l. 17	despachar – aquí: leer rápidamente
l. 18/19	cual un monótono consueta con el estribillo – aquí: wie das gebetsmühlenartige Wiederholen des Verses
l. 20	la parrilla – der Gepäckträger

l. 23 afanarse – esforzarse
l. 25 deslavado – aquí: undeutlich hingekritzelt
l. 29 el chisme – der Klatsch, das Gerede
l. 29 la pulla – die Stichelei
l. 29/30 *Extravagario* – Gedichtsammlung Nerudas von 1958
l. 35 con sonrisas pletóricas – aquí: mit strahlendem Lächeln
l. 36 esos derroches – aquí: diesen Luxus (eines strahlenden Lächelns)
l. 39 constar – demostrar
l. 39/40 desconcertante – aquí: sorprendente, extraño
l. 45/46 calzar con – coincidir con
l. 51 el anzuelo – der Köder
l. 67 su áulica sonrisa – aquí: sein perfekt aufgesetztes Lächeln
l. 67 la bienaventuranza – die Glückseligkeit

I. **Comprensión** (aproximadamente 300 palabras)

1. Resuma las consecuencias que tiene la partida de Neruda para Mario.
2. Describa el aspecto y el comportamiento de los políticos y los pescadores durante su encuentro. (15 Punkte)

Bitte beachten Sie, dass entweder Teil II (Análisis y comentario) oder Teil IV (Versión) zu bearbeiten ist.

II. **Análisis y comentario** (aproximadamente 250 palabras)

Elija **uno** de los siguientes temas:

1. «...soy una hoja más del gran árbol humano» (l. 6/7). Analice esta metáfora y explique su sentido partiendo de la cita entera (ll. 3–7).

o

2. Explique lo que significa la política para Labbé, para los pescadores y para Mario, según este fragmento. (10 Punkte)

III. **Redacción** (aproximadamente 250 palabras)

Elija **uno** de los siguientes temas:

1. Después de la fuerte discusión con su hija en la habitación, doña Rosa decide mandar a Beatriz a casa de la tía en Santiago. Escriba la carta en la que doña Rosa anuncia a la tía la llegada de su hija y las razones de esta decisión.

o

2. Explique la caricatura haciendo especial hincapié en la señora con balanza, pala y espada. Comente la intención del caricaturista teniendo en cuenta el contexto del debate sobre la Ley de la Memoria Histórica en España.

Fuente: eneko, CC BY-NC-SA 3.0., http://www.20minutos.es/vineta/eneko/1100/0/

o

3. Latinoamérica.org es una organización no-gubernamental que en su página web propone lo siguiente:
«Queremos ayudar a construir la Unión Latinoamericana concientizando a todos los hermanos latinos de la oportunidad que representa esta Unión para el bienestar común de los países integrantes y sus habitantes. Imagínese una región unida como la Unión Europea. Seríamos grandes, fuertes y prósperos...»
http://www.latinoamerica.org

Evalúe las posibilidades de éxito de esta iniciativa partiendo de las ventajas y los problemas que la Unión Europea presenta. (10 Punkte)

Sprache 45 Punkte

IV. Versión

(10 Punkte)

Bitte beachten Sie, dass entweder Teil II (Análisis y comentario) oder Teil IV (Versión) zu bearbeiten ist.

Tras el plebiscito de 1988, Skármeta decidió volver a Chile, dedicándose durante años a escribir artículos y columnas en diversas revistas y publicaciones periódicas, en las que tocaba temas que iban desde críticas de teatro hasta columnas futbolísticas. En la década de 1990, Antonio Skármeta fundó el taller literario «Heinrich Böll» en el Instituto Goethe, por donde pasaron muchos de los narradores jóvenes que hoy están en primera línea. También llevó a la práctica la idea de crear y conducir un espacio cultural y literario en la televisión de esos años de transición, dando vida al «Show de los libros», programa que además de recibir diversos premios nacionales y mantenerse por una década en pantalla, llegó a ser exportado a países de América Latina y Europa. Durante el gobierno del Presidente Ricardo Lagos, Skármeta se desempeñó como embajador en Alemania, continuando su labor literaria con títulos como *La chica del trombón* (2001) y *El baile de la victoria* (2003), que obtuvo el Premio Planeta de Novela.

(162 palabras)

Fuente: Colecciones de la biblioteca Nacional de Chile disponibles en www.memoriachilena.cl

Wortangaben:

l. 11 desempeñarse como embajador – ejercer el cargo de embajador
l. 13 el Premio Planeta de Novela – un premio literario de novela que se otorga en España

Lösungsvorschläge

I. Comprensión

1. ***Hinweis:*** *Die „klassische"* resumen-*Aufgabe verlangt von Ihnen genaue Textarbeit und bezieht sich v. a. auf die Zeilen 8–29 des Romanauszuges.*

En el fragmento de la novela «Ardiente Paciencia» de Antonio Skármeta, Mario Jiménez tiene que despedirse de Neruda ya que este último se va de la campaña electoral. En una escena emocionante, los dos se abrazan como íntimos amigos y Mario se queda atrás, muy triste, y no se deja consolar, ni siquiera mediante el regalo que le ha hecho Neruda, a saber sus Obras Completas con la dedicatoria que había anhelado tanto al principio de su amistad. En el instante mismo de la partida parece paralizado al ver salir el camión hasta que sólo se ve el polvo en la lejanía. Mario está tan profundamente desconsolado que incluso pierde el ánimo para seguir viviendo y por poco se habría quitado la vida, de no haber sido la literatura y la fidelidad al poeta. Se convierte en lector apasionado e infatigable, leyendo parte de la inmensa obra de Neruda al pie del campanario mientras el mar, la fuente de inspiración de Neruda, a él, Mario, sólo le susurra el nombre de Beatriz González. Absorto en la lectura y ensimismado en sus pensamientos, pasa horas y días enteros, aislándose de lo que le rodea, con la intención de apuntar las eventuales imágenes en un cuaderno que ha comprado con este propósito. Pero a Mario no se le ocurre ninguna metáfora y llena el cuaderno con figuras geométricas. Los pescadores lo observan y se burlan de él, diciendo que Mario está emulando a Neruda, su ídolo y mentor, sin que Mario se dé cuenta de la habladuría de sus compatriotas. *(258 palabras)*

2. ***Hinweis:*** *Der zweite Teil der* comprensión *befasst sich mit den Zeilen 30–72, v. a. ab Z. 43.*

El aspecto de los políticos y el aspecto de los pescadores durante su encuentro son totalmente opuestos. Los políticos están vestidos de blanco, sonríen sin cesar, ostentando unos dientes brillantes e impecables, mientras que a los pescadores les faltan dientes (ver ll. 34–36). Llevan camisas con bolsillos (ver l. 46/47), lo que indica quizás que es su ropa de trabajo. Uno de los políticos es el diputado Labbé, el representante de la derecha en la zona. Vienen a la caleta para convencer a los pescadores de votar a Jorge Alessandri. Llegan en una camioneta con altoparlantes, meten mucho ruido y llaman la atención (ver ll. 30–37). Quieren impresionar a los pescadores y ganar su simpatía. Por un lado, lo consiguen, porque los pescadores están «prendados de la simpatía de Labbé» (l. 50) y les gusta su naturalidad (ver l. 64). Se ríen cuando Labbé dice algo divertido (ver l. 46, l. 71). Pero, por otro lado, el comportamiento de los políticos evidencia su ignorancia y su desinterés por los pescadores: distribuyen volantes a los pescadores analfabetos, que los toman con cortesía, echando un vistazo a la foto de Alessandri, para meterlos en los bolsillos de sus camisas, sin leer el texto del programa electoral (ver ll. 44–47). Al rechazar Mario el volante, confesando que él va a votar a Neruda, Labbé expresa su opinión sobre Neruda: no lo critica, sino que lo reconoce y aprecia como gran poeta, pero le niega la aptitud para el cargo de presidente de Chile (ver ll. 48–55). Para relajar la situación algo tensa, Labbé vuelve a bromear con los pescadores en un juego de regateo sobre el precio de unas almejas, acabando en burlas crueles contra Mario (ver ll. 58–70). *(292 palabras con citas)*

II. Análisis y comentario

1. ***Hinweis:*** *Sie sollen hier das Original-Zitat Nerudas aus seinen Tagebüchern, das von Skármeta an dieser Romanstelle intertextuell eingewoben ist, auf seinen metaphorischen Gehalt hin analysieren. Hilfreich in diesem Zusammenhang ist Hintergrundwissen zum „realen" Neruda, z. B. durch die Zusammenstellung von Jürgen von Stackelberg in der Textsammlung „Explico algunas cosas". Der Titel ist ebenfalls ein Original-Zitat aus einem Gedicht über den spanischen Bürgerkrieg und stellt Nerudas „Berufung" zur sog.* literatura comprometida *(zum „engagierten Lyriker" – laut von Stackelberg) dar. Im Buch findet sich u. a. ein eigenes Kapitel zur Schüchternheit* (la timidez) *des jungen Neruda. Aufschlussreich ist auch der Abschnitt zu Nerudas Poetik, wo von einer „Krise des Engagements" die Rede ist.*

Neruda, en su diario «Confieso que he vivido», comenta el día cuando llegó el camión con las palabras citadas, concluyendo así: «…soy una hoja más del gran árbol humano» (l. 6/7).

Obviamente se trata de una metáfora procedente de la naturaleza: el árbol que, con su tronco y sus raíces profundas, representa fuerza y protección. También es símbolo de unidad, si pensamos en la imagen del árbol genealógico. Además, el árbol es símbolo de la vida. En otoño se caen las hojas y mueren, pero con el sol primaveral nace otra generación de hojas. El árbol, entretanto, sigue existiendo en su lugar durante muchísimos años.

Neruda utiliza la metáfora del «gran árbol humano» para designar la humanidad entera, es decir el conjunto de todos los seres humanos, representados en forma de hojas. En comparación con esta comunidad, Neruda se siente muy pequeño, efímero, de modo que se compara con «una hoja más» (l. 6) de este árbol, expresando así su modestia y su humildad. Al mismo tiempo, está orgulloso de pertenecer a esa comunidad (ver l. 6), de servirle como poeta y ahora como candidato a la presidencia.

Además, la imagen empleada se puede interpretar como confesión al comunismo.

Analizando el contexto y la cita entera, hay que añadir que Neruda habla de su candidatura y de la campaña electoral como irrupción de una fuerza de la naturaleza («como un trueno», l. 3) que, sin aviso y contra su voluntad, le arranca de su vida privada de poeta. En cierto sentido, le desarraiga (si pensamos en su estancia posterior en París). Todavía hay cierta resistencia, sobre todo por su carácter tímido; incluso admite su miedo ante esta gran tarea. Pero concluye con las palabras «La multitud humana ha sido para mí la lección de mi vida. […] una vez en su seno, me siento transfigurado» (ll. 4–6). Aquí está la clave para entender lo que quería decir: que para él se trata de una ruptura, de un cambio radical en su vida, de la vocación a la poesía comprometida. La palabra «transfigurado» contiene además cierta euforia, de cumplir una misión, de ponerse al servicio de su pueblo.

(360 palabras con citas)

2. ***Hinweis:*** *Arbeiten Sie hier die Bedeutung der Politik für Labbé, die Fischer und Mario auf Grundlage dieser Textstelle heraus. Wiederholen Sie aber dabei nicht das bereits bei Aufgabe 2 der* comprensión *Geschriebene, sondern gehen Sie im Sinne von „Reorganisation und Analyse" über die Ebene der Reproduktion hinaus.*

Para el diputado Labbé, hacer política es su trabajo, es decir, es un político profesional. Tiene que ganar votos para el candidato del partido nacional, Jorge Alessandri Rodríguez. Su vida y su propio destino político están vinculados a la victoria electoral de su partido, por lo que depende de los votos de los demás. Tiene sus convicciones, pero también piensa en el propio provecho, lo que es obvio en la escena final de la novela cuando Labbé es miembro de la DINA: apoya al régimen de Pinochet y detiene a Mario como enemigo político. En este fragmento, Labbé intenta manipular a la gente con medidas populistas: con un semáforo inútil cumple la promesa de extender la electricidad hasta la caleta (ver ll. 37–42); como en el teatro, sabe utilizar los efectos de los gestos, las sonrisas falsas, las posturas (levantarse, distanciarse con un par de pasos, ver l. 65/66) y la modulación de la voz humana («lo bastante alta como para que nadie quedara sin escuchar», l. 67/68). Además, se da aires de rico bondadoso y caritativo («esa gracia que tienen algunos ricos chilenos que crean un ambiente grato donde se paran», l. 64/65), aprovechándose tanto del humor contra los otros como de la rivalidad entre dos grupos.
Los pescadores son pasivos, no ponen resistencia ni rechazan los volantes (ver ll. 44–47), pero, en el fondo, la política les da igual porque están desilusionados y no creen en un cambio verdadero en las elecciones. Saben por experiencia propia que no se pueden fiar en las promesas electorales, que después de las elecciones todo va a seguir como antes, como siempre. Son gente sencilla, ocupados por las faenas de cada día, buscándose la vida como pueden para sostener a sus familias. Domina el analfabetismo, por eso creen todo lo escrito y se dejan influir fácilmente (ll. 50–52).
A Mario, la política tampoco le interesa mucho, a no ser por Neruda, a quien va a votar, pero no por convicción comunista, sino por amistad con el poeta. En el diálogo con Labbé, Mario no alega ningún argumento del programa electoral del partido comunista para defenderse (ll. 56–58: «[Labbé] Acosó con el volante a Mario, diciéndole: – Léelo, hombre. A lo mejor te convences. El cartero se guardó el papel doblado en el bolsillo…»).

(385 palabras con citas)

III. Redacción

1. ***Hinweis:*** *Der kreative Schreibauftrag zum Verfassen eines privaten Briefes geht nochmals vom literarischen Schwerpunktthema aus: Sie sollen aus der Perspektive von D. Rosa an ihre Schwester in Santiago schreiben, um ihr die Ankunft von Beatriz anzukündigen. Halten Sie dabei die formalen Anforderungen eines Briefes (Anrede, Ort und Datum, Schlussformel) ein.*

Querida Ana: Isla Negra, agosto del 1970

Quien te escribe es Rosa, tu hermana, que está muy preocupada por su hija, tu sobrina, la «pequeña» Beatriz. ¿Sabes que ya tiene diecisiete años? Pero todavía me parece muy chiquitita, mijita. Sí, es verdad, el tiempo pasa volando y no sabemos pararlo para gozar los días cuando eran bebés, nuestros hijos. ¡Ay, Dios mío!, no sé por dónde empezar. Además, no tengo tiempo suficiente para contarte todos los detalles, porque estoy muy apurada…, tengo que mandar a mi Beatriz unos días a tu casa en Santiago, aquí en Isla Negra está en peligro. Espero que no sea demasiado tarde. Tienes que saber que desde hace algunos meses merodea por mi hostería un tal Mario Jiménez (sí, así se llama) y se ha insolentado con mi pequeña Beatriz de apenas diecisiete años. Siempre ha sido una chica buena y bien educada, ¿cómo no? Pero de repente se pone impertinente y está descarada conmigo, ¡su propia madre! ¿Te lo puedes imaginar? ¡Ay!, ¿y si ya la tocó, el maldito cartero? Que nunca tengas confianza en los hombres, y peor aun si son «poetas». No hay peor droga que el bla-bla. Pero mi pobre Beatriz, ¡qué ingenua es!, se lo creyó todo, estas metáforas que le dijo el seductor ese de menores. Me temo mucho que mi hija termine como madre soltera. ¡Dios mío, qué vergüenza sería para toda la familia!
Ya ves que la cosa es urgente y que tengo que actuar cuanto antes. «Todos los hombres que primero tocan con la palabra, después llegan más lejos con las manos.» Eso, se lo dije a mijita, y ella me respondió: «¡Qué van a tener de malo las palabras!» Con las metáforas, que además se las ha copiado a Neruda, la tiene muy impresionada. La pobre está colgada de sus palabras y se consume entera por ese hombre. Sólo hay un remedio, que se quede unos días en tu casa. Ella se niega a hacerlo, pero tengo que obligarla a ir a la capital porque no sé dónde va a parar todo eso. Gracias, hermana mía, por tu ayuda.

Un abrazo muy fuerte,
tu hermana Rosa

(361 palabras)

2. ***Hinweis:*** *Der Bildimpuls besteht genau genommen nicht nur aus einer Karikatur, sondern aus einer Art Comic. Das Thema wird in der Aufgabenstellung explizit genannt: „el debate sobre la Ley de la Memoria Histórica en España". Von besonderer Wichtigkeit ist es zu erkennen, dass mit der umschriebenen* señora con balanza, pala y espada *die personifizierte Gerechtigkeit, die Göttin Justitia, gemeint ist. Auch die Augenbinde* (tener una venda en los ojos, con los ojos vendados) *und die damit verbundene Blindheit müssen als Insignien von Justitia verstanden werden, die unparteiisch, ohne Ansehen der Person, ihr Urteil fällt.*

La caricatura de Eneko, publicada en Internet en 2008, se compone de tres imágenes, en una secuencia como en un cómic. En la primera viñeta se puede ver a una mujer, excavando con una pala los restos mortales de una persona. Tiene una venda en los ojos. Al suelo de la fosa hay una espada y una balanza. Por encima, se pueden ver los pies de otra persona. En la segunda viñeta, desde arriba, esta persona desconocida empieza a cubrir con tierra a la mujer con otra pala. La mujer no sabe poner resistencia efectiva. En la tercera viñeta, el hoyo está rellenado con tierra y sólo quedan visibles los restos mortales de dos personas enterradas, la señora con la balanza, la pala y la espada y la persona a la que quería excavar.
La secuencia lleva el título, algo irónico, «Víctimas del Franquismo», de lo que se puede deducir que hace alusión al debate sobre la Ley de la Memoria Histórica en España. La mujer representa la Justicia, la diosa de la Antigüedad, que trata de sacar a la luz la verdad sobre los crímenes cometidos durante la Guerra Civil y el Franquismo. Al mismo tiempo, parece ser símbolo de todos los que todavía están buscando los restos mortales de sus familiares, enterrados anónimamente en fosas comunes.
Para la reconciliación nacional, durante la Transición, fue necesario un pacto entre los antiguos enemigos, el llamado «Pacto de Silencio». Además, se concedió una amplia amnistía a todos. Casi una generación más tarde se fundó la ONG «Asociación para la Recuperación de la Memoria Histórica». Pero sólo con la llegada al Gobierno de Zapatero en 2004 se abrió un nuevo ciclo: se promulgó la Ley de la Memoria Histórica. Como reacción surgió el debate sobre si es justificado abrir viejas heridas y sacar a la luz una memoria tan cruel. Este proceso incluye también excavar fosas comunes para después darles a las víctimas una sepultura digna.
En la caricatura de Eneko, la Justicia se hace cargo de una exhumación, pero está obstaculizada por otra persona que puede representar a los opositores de la Ley de la Memoria Histórica. Aquí está el doble sentido, o sea, el mensaje de la caricatura: la Justicia misma se convierte otra vez en víctima del Franquismo todavía virulento hasta hoy día en la sociedad española. *(388 palabras)*

3. ***Hinweis:*** *Die Aufgabenstellung der Erörterung geht vom Zitat einer NGO (Nicht-Regierungsorganisation) mit dem Namen „Latinoamérica.org“ aus, das zu einer* Unión Latinoamericana *in Analogie zur EU aufruft („Imagínese una región unida como la Unión Europea“).*
Achtung: Die Aufgabenstellung zielt zuerst auf eine Argumentation der Vor- und Nachteile der EU ab, danach auf die Übertragbarkeit des Modells auf einen lateinamerikanischen Länderverbund. Nur am Rande werden Kenntnisse über Bolívar und den Panamerikanismus erwartet. Eher könnten Sie die Aufgabe im Kontext der Globalisierung und den Freihandelsabkommen/Wirtschaftsbündnissen wie MERCOSUR sehen. Von dort ist der Bogen zur Entstehung der EU zu schlagen, die ebenfalls aus einem Wirtschaftsbündnis hervorgegangen ist, der Montan-Union (la Comunidad Europea del Carbón y del Acero, CECA), dann zur EWG wurde (la Comunidad Económica Europea, CEE) und schließlich zur EU.

La Unión Europea se creó después de la Segunda Guerra Mundial a partir de un tratado económico (la Comunidad Europea del Carbón y del Acero). Con los Tratados de Roma se fundó la Comunidad Económica Europea. El objetivo fue crear un mercado común que permitiese la libre circulación de personas, mercancías y capitales. Este mercado común es el gran logro de la UE y una de sus mayores ventajas. El Tratado de Maastricht creó la ciudadanía europea e introdujo el euro como moneda única. Con el euro, hoy en día se puede viajar a otros países europeos sin tener que cambiar dinero.
Después de la caída del Muro de Berlín y el fin de la Guerra Fría, hubo varias ampliaciones con la entrada de nuevos Estados miembros. El número de países miembros ya es bastante alto, lo que conlleva problemas. Hay una gran variedad cultural y, a veces, las diferentes lenguas dificultan la comunicación. Además, la administración y la burocracia en Bruselas y Estrasburgo gastan mucho dinero, según opinan algunos. Pero en total son más las ventajas de la UE, p. ej. para los jóvenes hay programas de intercambios europeos y la UE fomenta la cooperación a nivel universitario entre los diferentes Estados miembros.
¿Es posible construir algo semejante en Latinoamérica? Hay varios argumentos a favor, pero otros tantos en contra de la visión de una Unión Latinoamericana «para el bienestar común de los países integrantes y sus habitantes», con la esperanza de ser «grandes, fuertes y prósperos». Por una parte, hay factores de unión como que «todos los hermanos latinos» hablan el mismo idioma y que los países respectivos comparten una historia similar hasta la independencia a principios del siglo XIX. En la época de la emancipación, Bolívar soñó con el panamericanismo, pero su sueño fracasó. Por otra parte, existen grandes diferencias entre los países latinoamericanos, tanto políticas e ideológicas como étnicas y sociales. Hay pocos países que lograron salir adelante (como Argentina, Brasil o Chile), que en su mayoría forman juntos la zona de libre comercio del MERCOSUR. Es decir, en la edad moderna, existen ya iniciativas de un mercado común.
No obstante, el conjunto de los países latinoamericanos está lejos de la homogeneidad económica y política necesaria para construir una «Unión Latinoamericana».

(375 palabras)

IV. Versión

Nach der Volksabstimmung/dem Plebiszit im Jahr 1988 beschloss Skármeta nach Chile zurückzukehren und widmete sich jahrelang dem Schreiben von Artikeln und Kolumnen in diversen/verschiedenen Zeitschriften und regelmäßig/periodisch erscheinenden Veröffentlichungen, in denen er Themen behandelte, die von Theaterkritiken bis hin zu Fußball-Kolumnen/Artikeln über Fußball gingen/reichten. In den 1990er-Jahren gründete Antonio Skármeta das literarische Atelier/die Literaturwerkstatt „Heinrich Böll" am Goethe-Institut, das/die viele junge Erzähler/Autoren besuchten, die heute angesagt sind/Erfolg haben/Bestseller-Autoren sind/zu den Besten gehören. Er setzte außerdem die Idee in die Praxis/Tat um, im Fernsehen jener Jahre des Übergangs einen kulturellen und literarischen Raum/ein Forum für Kultur und Literatur zu schaffen und zu leiten, indem er die sog. Bücher-Show („Show de los libros") ins Leben rief/schuf/initiierte, eine Sendung, die nicht nur verschiedene nationale Preise/Auszeichnungen erhielt/bekam und sich über zehn Jahre im Fernsehen/auf dem Bildschirm hielt, sondern schließlich (sogar) in andere Länder Lateinamerikas und nach Europa exportiert wurde. Während der Regierung von Präsident Ricardo Lagos/Während der Präsidentschaft Ricardo Lagos' bekleidete/hatte Skármeta das Amt des Botschafters in Deutschland inne, wo er sein literarisches Schaffen mit Werken/Titeln wie … fortsetzte/und führte in dieser Zeit sein literarisches Schaffen fort mit Werken/Titeln wie „La chica del trombón" (dt.: „Das Mädchen mit der Posaune") aus dem Jahr 2001 und „El baile de la victoria" (dt.: „Der Dieb und die Tänzerin") aus dem Jahr 2003, das mit dem Premio Planeta de Novela/Planeta-Preis für Romane ausgezeichnet wurde/wofür er den spanischen Literaturpreis … erhielt/bekam.

«Estoy dispuesta a irme a Alemania, por supuesto»

«Me voy a Alemania en febrero», anuncia Teresa. Esta ingeniera industrial de Zaragoza, de 29 años, no va a esperar a que se concrete la propuesta del Gobierno alemán para importar ingenieros españoles. Ya ha encontrado un trabajo en una de las principales compañías de fabricación de automóviles alemanas, en Munich, y está preparando las maletas. «Aquí tenía empleo, pero mi contrato era temporal y tenía siempre la incertidumbre de si me lo renovarían», explica. Así que hace nueve meses empezó a buscar trabajo. Fuera.

«Para empezar, allí desde el primer momento te hacen un contrato indefinido; los salarios no tienen nada que ver y el horario se cumple», cuenta Teresa. «En Alemania el hecho de hacer horas extras está mal visto, mientras que en España parece una obligación», añade. Ella sabe de lo que habla porque ya estuvo allí trabajando tres años (entre 2002 y 2005), pero volvió a España, donde ha permanecido. Hasta ahora. Pero no todo lo alemán le gusta: reconoce que, por ejemplo, el trato con la gente es menos cercano y el invierno puede limitar la vida social. En cualquier caso, ella asegura que no se marcha para siempre.

Rocío (33 años, ingeniera industrial) también se siente desencantada con su país de origen y se está planteando la posibilidad de emigrar. Con siete años de experiencia, su sueldo ronda los 1 500 euros mensuales. Es un ejemplo de los ingenieros que creen que el futuro se ve negro en España y que las condiciones laborales no se ajustan a su perfil. Lo peor, asegura, son las «pocas perspectivas de mejoras, sólo amenazas de crisis y recortes». ¿El futuro está fuera? «Estoy dispuesta a irme a Alemania, por supuesto». Lo mismo opina Luis, un joven ingeniero de caminos, que ha pasado su vida laboral rastreando «todos los portales de empleo posibles en España». Desde que terminó la carrera en 2009 en Madrid, ha detectado que en ellos cada vez son menos las ofertas de trabajo en las que encaja. Está dispuesto: «Tengo muy claro que me iría a cualquier parte de Europa y a casi cualquier parte del mundo para desarrollar mi profesión». Alemania es una buena opción porque «es la locomotora de Europa, porque saben motivar a sus trabajadores, saben retener a sus cerebros para que investiguen en casa, en definitiva, saben crecer como país».

El paro entre los licenciados de entre 25 y 29 años se sitúa en el 19 %. Los ingenieros no son quienes más están sufriendo la crisis. Diversas estimaciones apuntan a que el desempleo entre este colectivo ronda el 10 % y aunque se ha triplicado desde hace tres años todavía se encuentra por debajo de la media española. Desde las asociaciones profesionales comentan que las condiciones laborales han empeorado en los últimos años y añaden que estos jóvenes profesionales no sólo se van por el sueldo.

«Realmente necesito sentirme ingeniero otra vez, necesito trabajar de manera seria y con propuestas de desarrollo. Necesito abandonar la cultura del enchufe y de la nula valoración de las capacidades y aptitudes profesionales y personales», resume M. C.

Esta ingeniera industrial en la treintena, autónoma y con experiencia en el sector público y privado, ya trabajó cinco años fuera de España, una experiencia difícil: «Volver al extranjero no entraba en mis planes en absoluto. No sólo por dejar España, sino porque he vivido la experiencia y he llegado a la conclusión de que con el esfuerzo personal y profesional que supone, la balanza se descompensaba». Regresó, pero aquí encuentra cada vez menos ofertas. «Si tengo que volver a salir, lo haré. He dedicado y dedico mucho tiempo a mi formación como para seguir esperando a que algo cambie», remacha.

¿Y los que ya están? La mayoría se muestran contentos, aunque casi ninguno de los encuestados para este reportaje se plantea Alemania como destino para toda la vida. Quieren volver y tienen la esperanza de que las cosas mejoren por aquí. Lo cierto es que a los ingenieros descontentos con su situación en España les anima la buena experiencia que describe la mayoría de emigrados. *(681 palabras)*

El País, M. Garijo/R. Seco – Madrid – 30/01/2011
http://sociedad.elpais.com/sociedad/2011/01/27/actualidad/1296082810_850215.html

Wortangaben:

l. 37 el enchufe – relación entre dos personas, de la que se sirve una de ellas para conseguir un favor, especialmente en el trabajo

l. 43 descompensarse – aquí: perder el equilibrio

I. Comprensión (aproximadamente 300 palabras)

Presente la situación laboral tanto en España como en Alemania según el texto. (15 Punkte)

Bitte beachten Sie, dass entweder Teil II (Análisis y comentario) oder Teil IV (Versión) zu bearbeiten ist.

II. Análisis y comentario (aproximadamente 250 palabras)

Elija **uno** de los siguientes temas:

1. Analice «el esfuerzo personal y profesional» (l. 42/43) que supone la emigración para los jóvenes españoles. Refiérase al texto y complete la información con sus propias ideas. Comente la actitud ambigua hacia Alemania que muestran algunos de los jóvenes encuestados.

o

2. Examine lo que tiene en común la mayoría de los encuestados y compárelos con los emigrantes españoles de los años sesenta. Complete la información del texto con sus propios conocimientos. (10 Punkte)

III. Redacción (aproximadamente 250 palabras)

Elija **uno** de los siguientes temas:

1. En el prólogo de *Ardiente Paciencia* el narrador nos da la siguiente información:
   «Beatriz González, con quien almorcé varias veces durante sus visitas a los tribunales de Santiago, quiso que yo contara para ella la historia de Mario 'no importa cuánto tardase ni cuánto inventara'.»
   Antonio Skármeta, Ardiente paciencia, Pehuén Editores, Santiago de Chile, 1986

   Al final, el narrador escribe la historia de Mario. En una carta dirigida a una editorial española presenta su manuscrito. Redacte la carta convenciendo a la editorial de que publique este manuscrito.

o

2. En Europa existe el tópico de una Latinoamérica pobre, peligrosa y atrasada. Sin embargo, Latinoamérica atrae a muchos europeos. Exponga argumentos que expliquen esta contradicción dando ejemplos.

o

3. Las protestas antitaurinas han ocupado muchas portadas de periódicos españoles. El parlamento catalán aprobó en verano de 2010 la prohibición de las corridas de toros en Cataluña. Analice la siguiente caricatura y coméntela teniendo en cuenta el contexto político de España.

Texto de la caricatura: «Reíd, reíd, ¿no sabéis que hay un Tribunal Constitucional con una indisoluble afición a la Fiesta Nacional?»

(10 Punkte)

Sprache (45 Punkte)

IV. Versión

(10 Punkte)

Bitte beachten Sie, dass entweder Teil II (Análisis y comentario) oder Teil IV (Versión) zu bearbeiten ist.

La igualdad es cosa de todos y de todas

Me siento orgullosa de que nuestro país haya liderado el gran avance histórico hacia la igualdad en su sentido más amplio, hacia la igualdad de oportunidades, también entre mujeres y hombres. Orgullosa de que a día de hoy [nuestro país] lo siga haciendo. En el camino hacia la igualdad de género me vienen muchas mujeres a la cabeza que un día rompieron moldes y costumbres. Sin su compromiso, su trabajo y su lucha, sin el movimiento feminista y una mayoría social convencida de la necesidad de recorrer este camino, nunca habríamos sido capaces de avanzar tanto.

A pesar de todo lo conseguido, soy consciente de que nos queda mucho por hacer. Tenemos que seguir impulsando los cambios políticos y sociales necesarios para que se dé un cambio de paradigma respecto al lugar que las mujeres ocupamos en la sociedad. *(148 palabras)*

María González Vera Cruz
http://www.laverdad.es/murcia/v/20111007/opinion/igualdad-cosa-todos-todas-20111007.html

Wortangabe:

l. 5 el molde – aquí: norma

Lösungsvorschläge

I. Comprensión

Hinweis: *Zum vorliegenden Sachtext sollen Sie eine umfassende, bereits als Vergleich angelegte Zusammenfassung* (resumen) *in Bezug auf die Arbeitsmarktsituation in Spanien und Deutschland schreiben.*

El artículo de prensa «Estoy dispuesta a irme a Alemania, por supuesto», escrito por M. Garijo y R. Seco y publicado en el periódico «El País» el 30 de enero de 2011, trata de la situación laboral de jóvenes licenciados (ingenieros) tanto en España como en Alemania.

Para empezar con España, muchas veces hay solo contratos temporales, es decir que no hay una seguridad de empleo. Además, a pesar de su alto grado de formación y de tener experiencia profesional, los ingenieros reciben solo un sueldo de unos 1 000 hasta 1 500 € al mes. Hacer horas extras es algo normal y algunas empresas incluso lo exigen. Muchas veces, para conseguir un puesto de trabajo, se necesita conocer a alguien («la cultura del enchufe», l. 37), fenómeno que también se llama favoritismo. Además, hay que decir que las condiciones laborales en España han empeorado y que hay pocas perspectivas de mejoras, como también hay pocas ofertas de trabajo, sino que muchos jóvenes están en paro: el desempleo entre los licenciados está en el 19 %, entre los ingenieros en el 10 %. Una razón para esta situación pésima es la crisis económica.

En Alemania, en cambio, hay contratos indefinidos y los salarios corresponden a la formación y la experiencia profesional de los trabajadores. Es decir, se valora el trabajo y se hacen propuestas de desarrollo para incitar a los empleados a trabajar mejor y de manera más eficaz. Hacer horas extras, sin embargo, no está bien visto. Alemania es actualmente el país económicamente más importante de Europa justo porque ofrece buenas perspectivas a sus mejores trabajadores para que estos se queden en el país. No obstante, faltan ingenieros alemanes, de modo que el Gobierno alemán propuso contratar a ingenieros españoles. *(291 palabras)*

II. Análisis y comentario

1. ***Hinweis:*** *Einerseits sollen Sie hier das Zitat erklären und analysieren, andererseits die zwiespältige Haltung einiger Befragten Deutschland gegenüber kommentieren. Thema ist die Arbeitsmigration und die damit verbundene Schwierigkeit, sich in einer neuen Gesellschaft zurechtzufinden, also ein interkulturelles Thema.*

   Teresa, la primera encuestada, y M. C., otra ingeniera anónima, ya han hecho la experiencia de trabajar fuera de España durante tres y cinco años respectivamente (ver l. 11/12 y l. 39/40). Ambas han vuelto a España, pero ahora (en 2011) están otra vez dispuestas a salir de su país de origen.

   La ingeniera M. C. lo hará a regañadientes porque recuerda la primera vez: «con el esfuerzo personal y profesional que supone, la balanza se descompensaba» (l. 42/43). Está claro que cuesta mucho dejar atrás a la familia, los amigos y la

cultura. Tener que irse a otro país por motivos laborales puede llevar al desarraigo y a la pérdida de estabilidad emocional. La cita de M. C. se refiere a estas dificultades, que no siempre equivalen tener un mejor puesto de trabajo.
Así se puede explicar también la actitud ambigua hacia Alemania que muestran algunos de los jóvenes encuestados. Todos coinciden en que no quieren irse para siempre, sino que quieren volver un día a España porque tienen la esperanza de que las cosas mejoren por aquí (ver ll. 47–49). Por un lado, se imaginan Alemania como la «tierra prometida» donde hay trabajo para todos; por otro lado, no todo lo alemán les gusta. Teresa, por ejemplo, dice que el trato con la gente es más distanciado y formal que en España y que el frío del invierno puede incluso «limitar la vida social» (l. 14).
Sin embargo, la mayoría de los emigrados está contenta con su vida en Alemania y sus buenas experiencias atraen a otros ingenieros que no lo están con su situación laboral en España (ver ll. 49–51). *(276 palabras con citas)*

2. ***Hinweis:*** *Diese Aufgabe ist zweigeteilt. Zum einen wird von Ihnen erwartet, dass Sie Gemeinsamkeiten unter den aktuellen Migranten herausstellen, zum anderen sollen Sie einen Vergleich zwischen diesen und den spanischen Auswanderern der 60er-Jahre ziehen.*

La mayoría de los encuestados tienen en común que son jóvenes ingenieros entre los 29 y los 33 años, muchas veces mujeres. Tienen una buena formación y a menudo ya experiencia laboral. Como están desilusionados con la situación laboral en España, están dispuestos a hacer sacrificios por la carrera: prefieren emigrar a esperar a que la situación mejore un día (ver ll. 44–46). La movilidad en una Europa sin fronteras les facilita la emigración, pero quedan la nostalgia del país y el sentimiento de pérdida de identidad. Resumiendo se puede decir que los emigrantes de hoy son jóvenes con títulos académicos. Los «cerebros» huyen de España por las malas condiciones laborales.
En comparación con los emigrantes españoles de los años 60, hay que destacar que los últimos en su mayoría eran gente pobre, sin formación alguna. Después de la Segunda Guerra Mundial, cuando la economía alemana empezaba a florecer en el denominado milagro económico, vinieron al país como trabajadores huéspedes para un tiempo limitado. Algunos venían huyendo de la miseria en el campo, otros de la dictadura de Franco. Lo que tenían en común es que vinieron a iniciativa del Gobierno alemán que necesitaba sobre todo trabajadores sencillos para los trabajos pesados.
Sin embargo, los tiempos han cambiado y los efectos de la globalización se hacen sentir cada vez más. Alemania ya no necesita trabajadores sencillos, sino expertos con un alto grado de formación. Los emigrantes españoles de hoy buscan por su propia iniciativa un empleo que corresponda a sus capacidades, que les dé oportunidades de desarrollo y que les ofrezca un salario adecuado. *(265 palabras)*

III. Redacción

1. ***Hinweis:*** *Ausgehend vom Prolog des literarischen Schwerpunktthemas („Ardiente Paciencia“) sollen Sie einen formalen Brief aus der Perspektive des Ich-Erzählers an einen spanischen Verlag schreiben und den Lektor argumentativ davon überzeugen, dass er das Buch veröffentlicht.*

A la editorial Castalia   Madrid, el 17 de mayo de 2012

Asunto: «Ardiente Paciencia», manuscrito de novela

Estimados señores:

Me dirijo a Uds. para enviarles mi manuscrito recién terminado de una novela emocionante. No sólo divierte a los lectores, sino que también les enseña algo sobre la historia chilena de los años 1969 hasta 1973.
Mi novela trata de la amistad de Pablo Neruda, el famoso poeta chileno, con el cartero Mario, un hombre del pueblo, simpático, a veces un poco torpe, sobre todo con las chicas. Este libro es un homenaje a Neruda y a la poesía, mejor dicho: a la fuerza de las palabras que ni siquiera la censura logra enmudecer. Pero hay algo más. Les escribo también en nombre de la viuda de Mario, que me ha encargado la obra que ahora tienen Uds. en manos. Siento una obligación moral hacia ella y hacia todas las personas que desaparecieron durante aquella época sombría, tal como Mario. Quiero levantar la voz para que se conmemoren sus destinos.
Cierto, todo eso puede sonar serio, abstracto y, por lo tanto, aburrido. Pero no lo es, como van a ver cuando lean mi manuscrito. Tiene de todo para convertirse en un éxito: elementos cómicos, escenas eróticas, alusiones cultas y técnicas literarias modernas como la intertextualidad, como ya indica el título, «Ardiente Paciencia», una cita de Arthur Rimbaud que Uds. seguramente han reconocido.
Creo que esta mezcla de elementos muy diversos, con una amplia gama de voces y estilos, va a atraer a lectores de todas las edades y de todas las clases sociales, así que puedo cumplir mi promesa a la viuda de Mario.

En espera de sus noticias, les saluda muy atentamente,

Javier Gomez   *(284 palabras)*

2. ***Hinweis:*** *Bei dieser Aufgabe handelt es sich um eine freie Erörterung bzw. einen Essay über Lateinamerika, bei dem Sie Ihr im Unterricht erworbenes Hintergrundwissen über den Kontinent, seine Probleme, seine Chancen und seine Anziehungskraft einbringen können.*

Hablando de la imagen de Latinoamérica, destaca una gran contradicción: por un lado, existe el tópico de una Latinoamérica pobre, peligrosa y atrasada. Por otro lado, Latinoamérica atrae a muchos europeos. ¿Cómo se puede explicar esto?
Voy a empezar con los aspectos negativos. Muchos países latinoamericanos son considerados subdesarrollados y tienen deudas externas que jamás podrán pagar. Debido a las consecuencias de la colonización, todavía hay estructuras económicas y sociales injustas, lo que lleva a enormes desigualdades. Barrios de chabolas,

niños que viven en la calle, explotación y malísimas condiciones de trabajo son las consecuencias de la miseria social. Además, la alta tasa de analfabetismo constituye un círculo vicioso que sigue generando pobreza. Los gobiernos tienen que enfrentarse a estos problemas y luchar contra el narcotráfico, el terrorismo, la violencia, etc., pero muchas veces son incapaces de encontrar soluciones porque se trata de sistemas políticos inestables o porque los problemas son globales, p. ej. la migración.
Sin embargo, se pueden mencionar numerosos aspectos positivos para explicar por qué el continente atrae a tantos europeos, p. ej. la naturaleza impresionante, los lugares de importancia histórica y la gran riqueza cultural con las huellas de las culturas precolombinas y las diferentes etnias, cada cual con su propia lengua. En algunas regiones los indígenas llevan todavía una vida cercana a la naturaleza, lo cual fascina a muchos europeos. Además, puede resultar interesante observar el desarrollo en jóvenes democracias o en países con otros sistemas políticos como Cuba. También hay proyectos de ayuda al desarrollo mediante los que los voluntarios descubren el continente como un lugar fascinante. Y no olvidemos los factores de atracción económica: los países latinoamericanos son un mercado atractivo para empresas europeas y para emigrantes que prueban suerte allí.
Concluyendo se puede decir que la contradicción es algo inherente y lógico, que en cada país del mundo hay contrastes más o menos fuertes, tanto más cuando se trata de un continente tan grande y con países tan distintos como Chile, Guatemala, Costa Rica, Colombia, Nicaragua o Venezuela. *(336 palabras)*

3. ***Hinweis:*** *Die bildgestützte Aufgabe zum Thema der* tauromaquia *verlangt zuallererst eine gründliche Beschreibung und Analyse der Karikatur unter Einbezug des Textes. Die Hinführung zur Aufgabenstellung enthält bereits wichtige Informationen, z. B. das Verbot von Stierkämpfen in Katalonien im Jahr 2010. Die Karikatur erfordert etwas Hintergrundwissen, z. B. um in der Figur des Reiters Mariano Rajoy von der PP, den damaligen Oppositionsführer und jetzigen Präsidenten, zu erkennen. Der ihm in den Mund gelegte Text erwähnt das sog.* Tribunal Constitucional *(spanisches Verfassungsgericht), über dessen Hoheiten und Befugnisse Sie zumindest in Ansätzen Bescheid wissen sollten, um diese Aufgabe zu bewältigen: Es kann Gesetze sowohl des spanischen Staates als auch der* Comunidades Autónomas *als verfassungswidrig verwerfen und für nichtig erklären.*

En la caricatura publicada en un blogspot en Internet se puede ver en el primer plano un grupo de toros sonrientes que llevan una pancarta con las palabras: «Viva Catalunya y su parlamento». A la derecha, más al fondo, hay un hombre montado a caballo con una lanza en la mano derecha, diciendo: «Reíd, reíd, ¿no sabéis que hay un Tribunal Constitucional con una indisoluble afición a la Fiesta Nacional?» Tiene erguido el dedo índice de la mano izquierda.
La caricatura se refiere a la prohibición de las corridas de toros en Cataluña por la Generalitat en 2010. De ahí viene la ortografía catalana en la pancarta de los toros, felices por la decisión del gobierno catalán. El hombre a caballo se parece a Mariano Rajoy, líder del Partido Popular. También puede hacer alusión a Don Qui-

jote, símbolo nacional de España y, al mismo tiempo, tiene los atributos de un picador o torero en una corrida. El dedo índice erguido y la posición elevada hacen pensar en alguien que exhorta a unos niños desobedientes, terminando con «¡Ya verás!» o «Quien ríe el último, ríe mejor.».
El tema de la caricatura es la tauromaquia en España. Sus aficionados la defienden como arte, mientras que sus adversarios argumentan que se trata de un espectáculo cruel contra el animal. El texto en la caricatura define la posición del Tribunal Constitucional como conservadora, puesto que tiene una «indisoluble afición a la Fiesta Nacional», y alude a que podría suprimir la prohibición de las corridas en Cataluña. Examinando el lenguaje, el adjetivo «indisoluble» hace hincapié en las palabras de la Constitución («la indisoluble unidad de la Nación Española). Si las corridas están calificadas de «Fiesta Nacional», es para decir que forman parte de la identidad española y, en este sentido, los que están en contra de las corridas, están en contra de la Nación. En el fondo, se trata de esto: el Estatuto de Cataluña, la cuestión de la independencia frente al centralismo del gobierno en Madrid.
La falta de verdaderos argumentos pro- o antitaurinos lleva a la conclusión de que la discusión representa más bien la lucha por el poder entre la Comunidad Autónoma y el gobierno central, que insiste en que España debe ser una sola nación.

(374 palabras)

IV. Versión

Gleichheit ist eine Sache / Angelegenheit von allen, gleichermaßen von Männern und Frauen // Gleichheit geht alle an / betrifft alle, Männer und Frauen

Ich fühle mich stolz / verspüre Stolz, dass unser Land eine führende Position eingenommen hat bei dem historisch bedeutsamen Schritt / der geschichtlich bedeutsamen Entwicklung / dass unser Land den historisch bedeutsamen Schritt angeführt hat in Richtung Gleichheit im weitesten Sinne des Wortes, nämlich in Richtung Chancengleichheit, auch zwischen Frauen und Männern. Stolz (bin ich darauf), dass heutzutage / aktuell unser Land weiterhin daran arbeitet / an deren Umsetzung / Realisierung arbeitet. Auf dem Weg in Richtung der Geschlechter- / *Gender*-Gleichheit fallen mir viele Frauen ein / kommen mir viele Frauen in den Sinn, die eines Tages Muster / Rollenmuster / Normen und Bräuche / festgeschriebene Verhaltensmuster auf- / durchbrachen / mit … brachen. Ohne ihr Engagement, ihre Arbeit und ihren Kampf, ohne die feministische Bewegung und eine gesellschaftliche Mehrheit, die von der Notwendigkeit überzeugt war, diesen Weg zu beschreiten / zu verfolgen / zu gehen / voranzutreiben, wären wir niemals fähig / in der Lage gewesen, so weit zu kommen / wären wir nie so weit gekommen.
Trotz alledem, was erreicht wurde, / trotz der Erfolge / Errungenschaften bin ich mir (dessen) bewusst, dass uns noch viel zu tun bleibt / wir noch viel Arbeit vor uns haben.
Wir müssen weiterhin die notwendigen politischen und gesellschaftlichen Veränderungen vorantreiben / voranbringen, damit ein Paradigmenwechsel einsetzt / erfolgt in Bezug auf den Ort / die Stellung / den Stellenwert, den wir Frauen in der Gesellschaft einnehmen.

Abiturprüfung Baden-Württemberg
Spanisch 2013

Fue el domingo de esa semana cuando el mismo camión rojo que se había llevado a Neruda dos meses antes, lo trajo de vuelta a su refugio de Isla Negra. Sólo que ahora el vehículo venía forrado en carteles de un hombre con rostro de padre severo, pero tierno y noble pecho de palomo. Debajo de cada uno de ellos, decía su nombre: Salvador Allende.

Los pescadores empezaron a correr tras el camión, y Mario probó con ellos sus escasas dotes de atleta. En el portón de la casa, Neruda, el poncho doblado sobre su hombro, y su clásico jockey, improvisó un breve discurso que a Mario le pareció eterno:

—Mi candidatura agarró fuego —dijo el vate, oliendo el aroma de ese mar que también era su casa—. No había sitio donde no me solicitaran. Llegué a enternecerme ante aquellos centenares de hombres y mujeres del pueblo que me estrujaban, besaban y lloraban. A todos ellos les hablaba o les leía mis poemas. A plena lluvia, a veces, en el barro de calles y caminos. Bajo el viento austral que hace tiritar a la gente. Me estaba entusiasmando. Cada vez acudían más mujeres.

Los pescadores se rieron.

—Con fascinación y terror comencé a pensar qué iba a hacer yo si salía elegido presidente de la república. Entonces llegó la buena noticia. —El poeta extendió su brazo señalando los carteles sobre el camión—. Allende surgió como candidato único de todas las fuerzas de la Unidad Popular. Previa la aceptación de mi partido, presenté rápidamente la renuncia a mi candidatura. Ante una inmensa y alegre multitud hablé yo para renunciar y Allende para postularse.

Su auditorio aplaudió con una fuerza superior al número allí congregado, y cuando Neruda descendió de la pisadera, ávido de reencontrarse con su escritorio, caracoles, versos interrumpidos y mascarones de proa, Mario lo abordó con dos palabras que sonaron como una súplica.

—Don Pablo…

El poeta hizo un sutil movimiento, digno de torero, y evadió al muchacho.

—Mañana —le dijo— mañana.

Esa noche el cartero entretuvo su insomnio contando estrellas, mascándose las uñas, apurando un áspero vino tinto, rascándose las mejillas.

Cuando al día siguiente el telegrafista presenció el espectáculo de sus restos mortales, antes de entregarle la correspondencia del vate, apiadóse, y le confidenció el único alivio realista que pudo pergeñar:

—Beatriz es ahora una belleza. Pero dentro de cincuenta años será una vieja. Consuélate con ese pensamiento.

En seguida le extendió el paquete con el correo, y al soltar el elástico que lo ataba, una carta llamó de tal manera la atención del muchacho, que otra vez abandonó el resto sobre el mesón. Encontró al poeta ambientándose con un opíparo desayuno en la terraza mientras las gaviotas revoloteaban aturdidas por el reflejo del sol tajante sobre el mar.

—Don Pablo —sentenció con voz trascendente—, le traigo una carta.

—Siendo tú cartero, no me extraña.

—Como amigo, vecino y compañero, le pido que me la abra y me la lea.

—¿Que te lea una carta mía?

—Sí, porque es de la madre de Beatriz.

Se la extendió sobre la mesa, filuda como una daga.

—¿La madre de Beatriz me escribe a mí? Aquí hay gato encerrado. Y a propósito, recuerdo mi «Oda al gato». Aún pienso que hay tres imágenes rescatables. El gato como mínimo tigre de salón, como la policía secreta de las habitaciones, y como el sultán de las tejas eróticas.

—Poeta, hoy no estoy para metáforas. La carta, por favor.

Al rasgar el sobre con el cuchillo de la mantequilla, procedió con tan voluntaria impericia, que la operación excedió el minuto. «Tiene razón la gente cuando dicen que la venganza es el placer de los dioses», pensó, mientras se detenía a estudiar el sello estampado sobre la carátula, considerando cada rizo de la barba del prócer que lo animaba, y simulaba descifrar el inescrutable timbre de la oficina de correos de San Antonio, y partía una crujiente miga de pan que se había impregnado al remitente. Ningún maestro del cine policial había puesto al cartero en semejante suspenso. Huérfano de uñas, se mordió una por una las yemas de los dedos.

El poeta comenzó a leer el mensaje con el mismo sonsonete con que dramatizaba sus versos:

«Estimado don Pablo. Quien le escribe es Rosa viuda de González, nueva concesionaria de la hostería de la caleta, admiradora de su poesía, y simpatizante demócratacristiana. Aunque no hubiera votado por usted, ni votaré por Allende en las próximas elecciones, le pido como madre, como chilena, y como vecina de Isla Negra, una cita urgente para hablar con usted…».

A partir de este momento, más el estupor que la malicia hizo que el vate leyera las últimas líneas en silencio. La súbita gravedad de su rostro hizo sangrar la cutícula del meñique del cartero. Neruda procedió a doblar la carta, ensartó al muchacho con su mirada y terminó de memoria:

«… sobre un tal Mario Jiménez, seductor de menores. Sin otro particular, saluda atentamente a usted. Rosa viuda de González».

Se puso de pie con íntima convicción.

—Compañero Mario Jiménez, en esta cueva yo no me meto dijo el conejo.

Mario lo persiguió hasta su sala abrumada de caracoles, libros y mascarones de proa.

—No me puede dejar botado, don Pablo. Hable con la señora y pídale que no sea loca.

—Hijo, yo soy poeta nada más. No domino el eximio arte de destripar suegras.

(919 palabras)

Fuente: Antonio Skarméta, Fragmentos de la obra EL CARTERO DE NERUDA (ARDIENTE PACIENCIA) © Antonio Skármeta, 1985

Wortangaben:

l. 10	enternecerse:	gerührt sein
l. 11	estrujar:	aquí: dar un fuerte abrazo
l. 13	tiritar:	frösteln, schaudern
l. 24	el mascarón de proa:	Galionsfigur
l. 25	la súplica:	inständige Bitte, Flehen
l. 32	apiadarse:	sentir compasión
l. 33	pergeñar:	hier: jemandem in den Sinn kommen
l. 38	opíparo/-a:	opulent, üppig
l. 46	filudo/-a:	messerscharf
l. 46	la daga:	Dolch
l. 47	aquí hay gato encerrado (loc.):	hier ist etwas im Busch
l. 52/53	la impericia:	Unfähigkeit
l. 55	la carátula:	hier: Vorderseite
l. 55	el prócer:	persona famosa
l. 59	huérfano de uñas:	hier: mit abgekauten Fingernägeln
l. 59	la yema de los dedos:	Fingerkuppe
l. 60	el sonsonete:	hier: Singsang
l. 67	el estupor:	Verblüffung, Bestürzung
l. 68/69	la cutícula del meñique:	Nagelhaut des kleinen Fingers
l. 69	ensartar:	hier: durchbohren
l. 76	dejar botado:	hier: im Stich lassen
l. 78	destripar:	hier: den Garaus machen

I. **Comprensión** (aproximadamente 300 palabras)

1. Describa las experiencias de Pablo Neruda durante la campaña electoral.
2. Presente los estados de ánimo de Mario y cómo éstos se reflejan en su comportamiento. (15 Punkte)

Bitte beachten Sie, dass entweder Teil II (Análisis y comentario) oder Teil IV (Versión) zu bearbeiten ist.

II. **Análisis y comentario** (aproximadamente 250 palabras)

Elija **uno** de los siguientes temas:

1. Analice el papel de las cartas y de los telegramas en la relación entre Mario y Neruda en este fragmento y en la novela.

o

2. Partiendo de este fragmento, examine la importancia de Isla Negra (su casa y el pueblo) para el personaje de Pablo Neruda. Refiérase también a otros momentos de la obra. (10 Punkte)

III. Redacción (aproximadamente 250 palabras)

Elija **uno** de los siguientes temas:

1. Al final de la novela «Ardiente paciencia» de Antonio Skármeta, el protagonista Mario es detenido. Como el tiempo pasa y Mario no vuelve, Beatriz se pregunta desesperada por qué se lo habrán llevado, qué puede hacer ella y a quién se puede dirigir. Redacte este monólogo interior.

o

2. Este cartel apareció por primera vez en la primavera del año 2011 en las calles de Madrid. Analice el cartel y coméntelo.

http://www.retaguardia.org/2011/04/08/ juventud-sin-futuro-los-jovenes-se-echan-a-la-calle

o

3. En un artículo escrito con motivo del bicentenario de la independencia de los países latinoamericanos, el politólogo Santiago Calvo considera a América Latina

«[…] como una firme defensora de la democracia representativa. Claros progresos en la igualdad política han permitido que sectores anteriormente marginados puedan acceder a los cargos políticos más altos. No obstante, todavía nos queda mucho camino por andar, muchas igualdades que alcanzar, especialmente en los ámbitos sociales y económicos.»

Santiago Calvo, 30/04/2010 por GEIC (Grupo de Estudios Internacionales Contemporáneos), http://geic.files.wordpress.com/2010/12/latinoamc3a9rica-200-ac3b1os-despuc3a9s.pdf

Explique y comente las expresiones «claros progresos en la igualdad política» y «mucho camino por andar» en esta cita. Refiérase a ejemplos concretos de uno o varios países latinoamericanos.

(10 Punkte)

Sprache (45 Punkte)

IV. Versión

(10 Punkte)

Bitte beachten Sie, dass entweder Teil II (Análisis y comentario) oder Teil IV (Versión) zu bearbeiten ist.

Muchos me preguntan por qué en mi novela, Matilde, con todo el cariño que le tenía, no aparece en un papel más destacado, y sólo se asoma en una fugaz escena hacia el final. […]

Hay dos razones para tamaña omisión. La primera era de orden dramatúrgico: si agregaba un tercer personaje en la intensa relación entre Neruda y el cartero, debía darle igual magnitud, y por cierto que eso habría diluido el sentido de la obra en otra dirección.

El segundo motivo era más político. Mientras hacía mi film como director *amateur*, no podía prever que desde el día de su estreno se convirtiese en un éxito de crítica y público y ganara tantos festivales. Dada mi falta de experiencia, yo temía que ocurriera exactamente lo contrario: que mi film terminara en un desastre.

Y siendo Matilde una mujer activa en Chile en la resistencia contra Pinochet, no quise arriesgar su imagen.

(152 palabras)

Fuente: Antonio Skármeta, Fragmento de la obra NERUDA POR SKÁRMETA

Lösungsvorschläge

I. Comprensión

1. ***Hinweis:*** *Konzentrieren Sie sich, wie in der Aufgabenstellung gefordert, auf die Erfahrungen von Neruda als Präsidentschaftskandidat im Wahlkampf. Die entsprechenden Textstellen finden sich am Beginn des Romanauszugs bis Zeile 25.*

Neruda vuelve un domingo después de dos meses de campaña electoral a través de Chile. Está contento de poder regresar a Isla Negra porque tenía mucha añoranza del mar y de su casa, sobre todo de su escritorio. Cuenta en un breve discurso sus experiencias a los pescadores de la caleta.

Según sus palabras, le fascinó por un lado que hubiera tanta gente que quisiera escucharle. Les hablaba y les leía sus poemas. Disfrutó del contacto físico y directo con la gente del pueblo, a la que conmovió tanto que hombres y mujeres abrazaron al poeta y lloraron. A Neruda le gustó sobre todo la presencia de tantas mujeres.

Por otro lado, tenía miedo de que de verdad pudiera salir elegido presidente de la República. Con mucho alivio, les cuenta de forma humorística a los pescadores que finalmente Salvador Allende le salvó de la candidatura y así del posible cargo de presidente. Neruda renunció muy rápido y muy voluntariamente a su candidatura para darle el paso a Allende como candidato único de Unidad Popular. Gracias a este gesto generoso, no ha perdido prestigio y en vez de sentirse «vencido», le conviene mucho que su campaña haya fracasado. Es una situación en la que todos salen ganando.

(206 palabras)

2. ***Hinweis:*** *Hier liegt der Fokus auf Marios Gefühlen und Gemütszuständen und wie sich diese in seinem Verhalten widerspiegeln. Dabei sollen Sie den gesamten Romanauszug untersuchen.*

Mario está impaciente y el breve discurso del poeta le parece eterno. Nada más escuchar el fin del discurso, aborda a Neruda en un tono suplicante, pero este le hace esperar hasta el día siguiente. Por la noche, Mario no puede dormir porque está nerviosísimo. Toma algunas copas de vino tinto para tranquilizarse, mordiéndose las uñas y rascándose las mejillas.

El día siguiente, por la mañana, Mario tiene tan mal aspecto que incluso el telegrafista Don Cosme siente compasión por él. Luego, Mario descubre que en el paquete con el correo a Neruda hay una carta que le preocupa tanto que la saca enseguida para llevársela al poeta, dejando las demás cartas en la oficina de correos. Interrumpe el desayuno del poeta para implorarle que le lea esta carta que es de doña Rosa. Al vate, quien está bromeando y andándose con rodeos para tener a Mario en vilo, le corta la palabra diciendo de forma impaciente que no está para metáforas. Neruda, con la intención de vengarse un poco de Mario, prolonga mucho la acción de rasgar el sobre, estudiar el sello, descifrar el timbre y sacar la carta. Mario está en un momento de suspenso máximo. Como ya no tiene uñas, se muerde las yemas de los dedos. Finalmente, Neruda empieza con la lectura en voz alta hasta que, de repente y muy serio, se calla para terminar las últimas líneas en silencio. Mario se da cuenta del cambio del estado de ánimo de Neruda y ahora está tan tenso que se muerde la cutícula del meñique hasta que sale sangre. Cuando Neruda se levanta y rechaza hablar con doña Rosa, Mario, desesperado, incluso lo persigue hacia dentro para implorarle que le ayude. *(285 palabras)*

II. Análisis y comentario

1. ***Hinweis:*** *Ausgehend von der vorliegenden Textstelle sollen Sie die Rolle der Briefe und Telegramme in der Beziehung zwischen Mario und Pablo Neruda analysieren. Es sind dies:*
   - *der Brief aus Schweden mit der Nobelpreisnominierung;*
   - *das Telegramm des Zentral-Komitees der kommunistischen Partei Chiles mit der Präsidentschaftskandidatur;*
   - *der vorliegende Brief von Doña Rosa an Neruda;*
   - *der Brief mit Post-Scriptum aus Paris, wo Neruda Botschafter der Regierung Allende ist;*
   - *Marios Antwort darauf;*
   - *die Briefe und Telegramme aus verschiedenen Ländern (Schweden, Mexiko), die Neruda nach dem Pinochet-Putsch Asyl anbieten und die Mario unter Einsatz seines Lebens rettet, auswendig lernt und dem sterbenden Neruda vorträgt.*

   Im Anschluss an diese Briefe ergeben sich unter anderem wichtige Metaphern-Diskussionen sowie die Verknüpfung von Makro- und Mikro-Kosmos, d. h. die Verzahnung von realer Zeitgeschichte mit Marios Privatleben (Liebesgeschichte mit Beatriz, Freundschaft mit Neruda). Der vorliegende Brief stellt einen Wendepunkt im Roman dar.

   Mit den Briefen verbunden ist auch die „Selbst-Titulierung" der beiden (sprich, das jeweilige Verständnis von Art und Grad ihrer Freundschaft). So spricht Mario von sich in der vorliegenden Textstelle als „amigo, vecino y compañero" (Z. 43), während Neruda sich z. B. im Paris-Brief als „vecino y celestino" bezeichnet und sich in der bewegenden Szene der letzten Begegnung zwischen beiden darauf beruft: «Soy tu celestino, tu cabrón y el padrino de tu hijo.»

Un elemento de intertextualidad en la obra son las cartas y los telegramas que provocan muchas discusiones importantes, sea poéticas sea políticas. Además, la relación entre Mario y Neruda se establece a través de la correspondencia que le lleva el cartero. La carta de Suecia, en la que Neruda se entera de su nominación al Premio Nobel de Literatura, le sirve a Mario como punto de partida para la discusión sobre metáforas. Luego, cuando Neruda recibe un telegrama del Comité Central del Partido Comunista con motivo de la candidatura a la Presidencia, Mario aprovecha la oportunidad para preguntarle si Neruda aceptaría ser el padrino de la boda en caso de que se case con Beatriz.

La presente carta, que el poeta recibe después de su primera ausencia de Isla Negra, representa una amenaza en lo que concierne a la amistad entre Mario y Neruda y la relación amorosa de Mario con Beatriz. Mario presenta la carta a Neruda refiriéndose a sí mismo como «amigo, vecino y compañero» (l. 43) para apelar al poeta a que se la lea. Después de la lectura, Neruda, al principio, rechaza hablar con doña Rosa («yo soy poeta nada más», l. 78), pero al final cede a los ruegos de Mario.
Inmediatamente después de la boda de Mario y Beatriz, Neruda se va a París. Durante esta segunda ausencia prolongada del poeta, un día envía una carta a Mario (que le trae don Cosme disfrazado con alas) para pedirle un favor. En esta carta está concentrada y comprimida la amistad íntima entre el poeta y su cartero. Mario cumple el pedido y contesta con las grabaciones deseadas, incluyendo un poema propio y el llanto de su hijo recién nacido (Don Pablo Neftalí Jiménez González).
Por último, hay que mencionar las cartas y los telegramas que le llegan a Neruda después de su regreso a Isla Negra (por enfermedad), acontecimiento que coincide con el golpe de Estado de Pinochet. Es Mario quien, arriesgando su vida, aprende de memoria los telegramas para poder decírselos. Neruda le escucha y luego le implora que Mario lo lleve hasta la ventana para ver el mar por última vez. Para eso, reclama sus títulos de «celestino, cabrón y padrino del hijo», resumiendo así la relación estrecha entre ambos.
Para resumir, se puede decir que las cartas son el elemento que, al principio, hace posible la amistad entre dos personas tan diferentes y luego marcan etapas o sucesos importantes en el desarrollo de la novela y en las vidas de los protagonistas. Al final, las cartas ya no importan, lo importante es la amistad entre el cartero y el poeta. *(438 palabras)*

2. ***Hinweis:*** *Die Bedeutung von Isla Negra für Neruda zu analysieren, impliziert zum einen, das spezielle Ambiente der „casa" zu untersuchen, zum anderen, auf die Besonderheiten des Ortes (seine Bewohner und seine Lage am Meer) einzugehen. Insbesondere das Meer spielt eine große Rolle für Neruda (was vor allem in seinem Brief aus Paris zum Ausdruck kommt) und ist Inspiration für seine Dichtung (z. B. „Oda al mar").*

Isla Negra representa para el personaje de Pablo Neruda un lugar de refugio (ver l. 2) y de arraigo con la tierra, su patria chilena. Su casa está llena de objetos heterogéneos, como caracoles y mascarones de proa (ver l. 23/24). Es muy importante su situación al lado del mar, con la terraza, las gaviotas revoloteando a su alrededor, el reflejo del sol sobre el mar (ver ll. 38-40) y «el aroma de ese mar que también era su casa» (l. 9/10). Isla Negra y sobre todo el mar son una fuente de inspiración, lo que se refleja p. ej. en poemas como «Oda al mar». Por eso, el lugar constituye una necesidad vital para Neruda como poeta.
La gente que vive allí, en su gran mayoría pescadores analfabetos, es de igual importancia para Neruda, porque quiere ser poeta del pueblo, de la gente sencilla.
Antes de irse por la campaña electoral, Neruda es reluctante, porque no quiere dejar Isla Negra. Cuando vuelve después de haber renunciado a la candidatura,

está «ávido de reencontrarse con su escritorio» lleno de «versos interrumpidos» (l. 23/24). En la carta que, más tarde, envía a Mario desde París, Neruda extraña mucho los sonidos y los ruidos de su casa, especialmente las campanas, con el viento marítimo sobre el campanario colgado junto al mar. Ruega a Mario que le grabe los sonidos en una casete y que se la envíe a París. Estos ejemplos muestran claramente la importancia que tienen para el poeta la casa en Isla Negra, el mar y también la gente (Mario). En este contexto se puede mencionar además que, al final de su vida, Neruda regresa a Isla Negra para morir (aunque luego lo trasladen a una clínica de Santiago). Le pide a Mario «una buena metáfora para morirme tranquilo» y que le lleve a la ventana porque quiere ver el mar. *(319 palabras)*

III. Redacción

1. ***Hinweis:*** *Ausgehend vom offenen Ende des Romans (bzw. der Binnenerzählung) sollen Sie einen inneren Monolog aus der Perspektive von Beatriz verfassen, der v. a. Marios Verschwinden thematisiert. Nehmen Sie darin, wie in der Aufgabenstellung vorgegeben, auch die Fragen auf: Warum wurde Mario verhaftet? Was kann Beatriz nun tun? An wen kann sie sich in dieser Lage wenden?*
Es bleibt Ihnen freigestellt, ob Sie auf die komplexe Struktur des Romans mit seiner Rahmen-Erzählung eingehen (siehe Prolog und Epilog), nach der der Erzähler Marios Geschichte von Beatriz persönlich erfahren haben will und damit als möglicher Adressat ihres inneren Monologs gelten könnte.

¡Ay, Dios! Hace ya tres semanas que detuvieron a mi marido y todavía no ha vuelto. ¿Qué va a ser de nosotros? ¿Por qué se lo han llevado? ¿Qué ha hecho de malo? Todavía me acuerdo de todos los detalles de su desaparición. Era el día después de la noticia de la muerte del poeta. Hacia las cinco de la madrugada vinieron con dos coches sin patente, en uno estaba sentado el diputado Labbé. Ni siquiera lo dejaron llevar algunas cosas, ropa o libros con poemas del poeta. Solo repetían frases idénticas, como si las hubieran aprendido de memoria: «Tiene que acompañarnos… Es para hacerle unas preguntas… No tiene nada que temer…». Pero los recuerdos no sirven para nada. ¿Qué puedo hacer?, ¿a quién dirigirme? Todos con tanto miedo, nadie va a atreverse a ir conmigo a la policía para denunciar su desaparición. ¿De qué podrían acusar a Mario, quien siempre ha sido apolítico? Solo dijo eso de que iba a votar a Neruda porque era su amigo y no porque fuera comunista. ¿Por qué no se calló como los pescadores? Claro que era una provocación para alguien como Labbé. Ay, Dios mío, ¿qué van a hacer con él? ¿Torturarlo por el poema que escribió y mandó a la editorial de «La Quinta Rueda»? ¿Qué más tienen contra él? Sí, participó en reuniones políticas de la Unidad Popular y su jefe, Don Cosme, es socialista… ¡Qué listo y astuto este, se borró!, bueno, no antes de advertir a Mario y aconsejarle que siguiera su ejemplo y se fuera a la clandestinidad. Pero mi marido, heroico y fiel a Neruda, no pensó en mí y en Pablo Neftalí. Tengo que hacer algo, pero no sé qué… Alguien tiene que saber dónde está, dónde lo han llevado, a qué cárcel, ¿o es verdad lo que dicen que tienen campos secretos de detención? Tengo que buscarlo. Quizás voy a Santiago, a buscar a la viuda de Neruda, Matilde, a ver si puede ayudarme ella. Después, poner carteles en las calles de Santiago, escribir cartas a las autoridades y a los periódicos… Tienen que hacer algo por mí y, sobre todo, por el pequeño Pablo Neftalí, otra vez está enfermo y tengo que ir al doctor Solimano, lo que va a costar caro, ¡otra vez! Mario, cielo, ¿dónde estás? *(385 palabras)*

2. ***Hinweis:*** *Der Bildimpuls besteht aus einem Plakat, das zu einer Demonstration* (una manifestación) *aufruft und mit einer Datierung auf den Frühling 2011 sowie der Ortsangabe „Madrid“ versehen ist. „Curro“ ist umgangssprachlich für „trabajo“.*
Für Analyse und Kommentar des Plakats benötigen Sie Ihr Hintergrundwissen zu den Auswirkungen, die die Wirtschaftskrise auf Spanien hat, sowie zur Protestbewegung der sog. indignados *bzw. dem* Movimiento 15-M, *benannt nach dem 15. Mai 2011. An diesem Tag gingen in zahlreichen spanischen Städten Bürger auf die Straße, um ihrer Empörung über die Wirtschaftspolitik Spaniens und der EU Ausdruck zu verleihen und mehr Demokratie („¡Democracia real ya!“) zu fordern.*

El cartel, reproducido en blanco y negro, es de una organización que se llama «Juventud sin futuro» y que tiene una página web en Internet. El texto consiste en cuatro líneas breves que empiezan todas con la palabra «sin»: «sin casa/sin curro/sin pensión/sin miedo». El objetivo de esta anáfora es subrayar y hacer más memorizable el mensaje.
Analizando más detalladamente el contenido del cartel y relacionándolo con el contexto social y político, se puede constatar primero que muchos jóvenes españoles no tienen ni casa ni piso propio porque los alquileres son muy altos. Por eso, siguen viviendo en casa de sus padres. En segundo lugar, en España la tasa de paro se ha disparado en los últimos años. Entre los jóvenes, uno de cada dos no tiene trabajo. En tercer lugar, como los jóvenes no ganan nada o ganan muy poco, no pueden esperar una pensión suficiente, una vez jubilados. En cuarto lugar, teniendo nada, tampoco tienen nada que perder y por eso, no tienen miedo.
Pasando a la interpretación del cartel, salta a la vista que la cuarta línea se distingue de las anteriores: no se trata de un defecto, sino de un llamamiento a la acción política para que la gente participe en la manifestación del 7 de abril de 2011 en la Plaza Antón Martín. Esa manifestación fue una de las precursoras de las protestas masivas que empezaron el 15 de mayo de 2011 (el llamado «Movimiento 15-M»). Los manifestantes se llaman también los «indignados», lo que se refiere al libro de Stéphane Frédéric Hessel, «¡Indignaos!» («Indignez-vous!») del año 2010. Sus protestas se prolongaron durante una semana en forma de acampadas hasta el día de las elecciones generales en España. En ellas, se produjo un cambio de gobierno, pero con muchísimos votos blancos y nulos.
Los «indignados» siguen luchando, organizan manifestaciones y publican información en las redes sociales como Twitter, Facebook, YouTube etc. En el fondo, se trata de un fenómeno del mundo globalizado. Hay que ver el contexto de las

protestas en Grecia en 2008, las del mundo árabe en 2010 y 2011, pero también las protestas del movimiento Attac a nivel internacional. Es una reacción a la crisis económica que refleja el desequilibrio social, pero que también genera muchas esperanzas, si recordamos p. ej. que una de las primeras plataformas de los «indignados» españoles en Internet se llamaba «¡Democracia Real YA!».

(402 palabras)

3. ***Hinweis:*** *Der zitatbasierte Impuls für die freie Erörterung über den Demokratie-Prozess in Lateinamerika ist dem Artikel eines Politologen entnommen, der diesen 2010 anlässlich des 200. Jubiläums der Unabhängigkeit der lateinamerikanischen Länder (also im Jahr 1810) verfasste. Aus dem kurzen Zitat sind einzelne Gedanken herausgegriffen (positiv: „claros progresos en la igualdad política", vage/ skeptisch bis negativ: „mucho camino por andar"), die in diametralem Gegensatz zueinander stehen und die Sie erklären und kommentieren sowie anhand von (aktuellen) Beispielen illustrieren sollen.*

Las expresiones «claros progresos en la igualdad política» y «mucho camino por andar» son citas de un breve extracto de un artículo del politólogo Santiago Calvo, publicado con motivo del bicentenario de la independencia de los países latinoamericanos en 2010. El tema general del párrafo es el proceso de la democracia representativa en Latinoamérica. Este tuvo su impulso inicial con las luchas por la independencia a principios del siglo XIX, influida por las ideas de la Revolución Francesa y de la Ilustración en Europa, pero también por la independencia de EE. UU.

Santiago Calvo quiere destacar los logros de las jóvenes democracias latinoamericanas hablando de «claros progresos en la igualdad política». Podríamos pensar, p. ej., en el caso de Bolivia y Evo Morales: el hecho de que el presidente procede de uno de estos «sectores anteriormente marginados» (Morales es de origen indígena) es una prueba de la representación política del pueblo. También se pueden citar ejemplos de mujeres en los cargos políticos más altos: la ex presidenta de Chile, Michelle Bachelet, y la actual presidenta Cristina Fernández de Kirchner en Argentina.

No obstante, como dice el artículo, «todavía [nos] queda mucho camino por andar», porque sigue la desigualdad sobre todo «en los ámbitos sociales y económicos». Esa expresión alude a los retos y desafíos de nuestros tiempos, a saber las grandes diferencias entre una minoría rica y la gran mayoría de los pobres. Hay que añadir que persisten la discriminación contra los indígenas, el racismo contra los negros y la homofobia en muchos países de Latinoamérica. Casi por todas partes hay políticos y gobiernos corruptos. Además, la violencia causada por el narcotráfico, bandas juveniles como las «maras» y organizaciones terroristas y paramilitares sigue siendo un problema muy serio. Hay que mencionar también que en países como Chile y Argentina todavía siguen abiertas las heridas de las dictaduras del siglo XX. El proceso de la recuperación de la memoria es largo y difícil.

Para resumir, aunque América Latina ha avanzado enormemente, aún queda mucho por hacer para que la idea de la igualdad se haga realidad en todos los ámbitos, sean políticos, sociales o ecónomicos, tal como constata también Santiago Calvo en este fragmento de artículo. *(365 palabras)*

IV. Versión

Viele fragen mich, warum Matilde, trotz der innigen Beziehung, die ich zu ihr habe/obwohl sie mir so sehr am Herzen liegt/obwohl ich sie so gern habe, in meinem Roman keinen größeren Raum/keine herausragendere Rolle einnimmt, sondern nur in einer flüchtigen Szene gegen Ende erscheint.
Es gibt zwei Gründe für eine derartige Auslassung.
Der erste (Grund) war dramaturgischer Art:
Wenn ich der intensiven Beziehung zwischen Neruda und seinem Briefträger eine dritte Person hinzugefügt hätte, hätte ich ihr denselben Raum/dieselbe Größe einräumen/zugestehen müssen, und dies hätte natürlich den Sinn/die Bedeutung des Werks in eine andere Richtung (hin) verschoben/aufgelöst/die Konturen verwischt/verfälscht.
Der zweite Grund war eher politischer Art:
Während ich als Amateur-Regisseur/völlig unerfahrener Regisseur meinen Film drehte, konnte ich nicht vorhersehen, dass er sich ab/seit dem Tag seiner Premiere/Erstaufführung zu einem Erfolg bei Kritikern und beim Publikum entwickeln würde und bei so vielen Festivals gewinnen würde.
Aufgrund meiner Unerfahrenheit/Mangels Erfahrung fürchtete ich, dass genau das Gegenteil eintreten würde/sich ereignen könnte: dass mein Film ein Flop/Fiasko werden würde.
Und da Matilde in Chile eine äußerst aktive Frau im Widerstand gegen Pinochet war/eine sehr aktive Widerstandskämpferin gegen Pinochet war, wollte ich ihr Ansehen/Bild/Image/ihren Ruf/ihre Reputation nicht aufs Spiel setzen/ riskieren/in Gefahr bringen/gefährden.

Leerseiten verbilligen in diesem Fall die Herstellung des Buches!

Leerseiten verbilligen in diesem Fall die Herstellung des Buches!

Leerseiten verbilligen in diesem Fall die Herstellung des Buches!

Ihre Meinung ist uns wichtig!

Ihre Anregungen sind uns immer willkommen. Bitte informieren Sie uns mit diesem Schein über Ihre Verbesserungsvorschläge!

Titel-Nr.	Seite	Vorschlag

Bitte hier abtrennen

Lernen • Wissen • Zukunft
STARK

Bitte hier abtrennen

Zutreffendes bitte ankreuzen!

Die Absenderin/der Absender ist:

- ☐ Lehrer/in in den Klassenstufen: ____
- ☐ Fachbetreuer/in
  Fächer: ____
- ☐ Seminarlehrer/in
  Fächer: ____
- ☐ Regierungsfachberater/in
  Fächer: ____
- ☐ Oberstufenbetreuer/in
- ☐ Schulleiter/in
- ☐ Referendar/in, Termin 2. Staatsexamen: ____
- ☐ Leiter/in Lehrerbibliothek
- ☐ Leiter/in Schülerbibliothek
- ☐ Sekretariat
- ☐ Eltern
- ☐ Schüler/in, Klasse: ____
- ☐ Sonstiges: ____

Unterrichtsfächer: (Bei Lehrkräften!)

____

STARK Verlag
Postfach 1852
85318 Freising

23-VD8

Bitte ausfüllen und im frankierten Umschlag an uns einsenden. Für Fensterkuverts geeignet.

Kennen Sie Ihre Kundennummer?
Bitte hier eintragen.

Absender (Bitte in Druckbuchstaben!)

Name/Vorname

Straße/Nr.

PLZ/Ort/Ortsteil

Telefon privat

Geburtsjahr

E-Mail

Schule/Schulstempel (Bitte immer angeben!)

(Bitte blättern Sie um)

Gemeinschaftskunde

Abitur-Wissen Demokratie .... Best.-Nr. 94803
Abitur-Wissen Sozialpolitik .... Best.-Nr. 94804
Abitur-Wissen Die Europäische Einigung .... Best.-Nr. 94805
Abitur-Wissen Politische Theorie .... Best.-Nr. 94806
Abitur-Wissen Internationale Beziehungen .... Best.-Nr. 94807
Kompakt-Wissen Abitur Volkswirtschaft .... Best.-Nr. 948501
Kompakt-Wissen Abitur Grundlagen der nationalen und internationalen Politik .... Best.-Nr. 948001
Kompakt-Wissen Abitur Grundbegriffe Politik ... Best.-Nr. 948002
Klausuren Politik Oberstufe .... Best.-Nr. 108011

Geschichte

Geschichte 1 – Veränderungen in Wirtschaft und Gesellschaft durch die Industrialisierung · Die demokratische und nationale Bewegung in der Auseinandersetzung mit dem Obrigkeitsstaat .... Best.-Nr. 84760
Geschichte 2 – Besatzungszeit und Teilung Deutschlands im Rahmen des Ost-West-Konflikts · Die staatliche Einheit · Die bipolare Welt nach 1945 .... Best.-Nr. 84762
Grundlagen, Arbeitstechniken und Methoden – Geschichte .... Best.-Nr. 94789
Abitur-Wissen Die Antike .... Best.-Nr. 94783
Abitur-Wissen Das Mittelalter .... Best.-Nr. 94788
Abitur-Wissen Französische Revolution .... Best.-Nr. 947812
Abitur-Wissen Die Ära Bismarck .... Best.-Nr. 94784
Abitur-Wissen Imperialismus und Erster Weltkrieg Best.-Nr. 94785
Abitur-Wissen Die Weimarer Republik .... Best.-Nr. 47815
Abitur-Wissen Nationalsozialismus und Zweiter Weltkrieg ...... Best.-Nr. 94786
Abitur Wissen Deutschland von 1945 bis zur Gegenwart .... Best.-Nr. 947811
Abitur Wissen USA .... Best.-Nr. 947813
Abitur Wissen Naher Osten .... Best.-Nr. 947814
Kompakt-Wissen Abitur Geschichte Oberstufe .... Best.-Nr. 947601
Klausuren Geschichte Oberstufe .... Best.-Nr. 107611

Wirtschaft

Wirtschaft – Wirtschaftliches Handeln im Sektor Unternehmen · Wirtschaftliches Handeln im Sektor Ausland ..... Best.-Nr. 84852
Abitur-Wissen Volkswirtschaft .... Best.-Nr. 94881
Kompakt-Wissen Abitur Volkswirtschaft .... Best.-Nr. 948501

Kunst

Abitur-Wissen Malerei, Plastik, Architektur ...... Best.-Nr. 949618
Abitur-Wissen Werkerschließung .... Best.-Nr. 949628
Kompakt-Wissen Abitur Kunst .... Best.-Nr. 949601

Alle so gekennzeichneten Titel sind auch als eBook über **www.stark-verlag.de** erhältlich.

Abitur-Prüfungsaufgaben

Vom Kultusministerium in Baden-Württemberg zentral gestellte Abituraufgaben, einschließlich des **aktuellen Jahrgangs**. Zusätzlich **Übungsaufgaben** im Stil des Abiturs. Alle Aufgaben mit **schülergerechten** Lösungen.

Abiturprüfung BW Mathematik mit CD-ROM ..... Best.-Nr. 85001
Abiturprüfung BW Physik .... Best.-Nr. 85301
Abiturprüfung BW Deutsch .... Best.-Nr. 85401
Abiturprüfung BW Englisch .... Best.-Nr. 85461
Abiturprüfung BW Französisch .... Best.-Nr. 85501
Abiturprüfung BW Spanisch .... Best.-Nr. 85540
Abiturprüfung BW Latein .... Best.-Nr. 85601
Abiturprüfung BW Geographie .... Best.-Nr. 85901
Abiturprüfung BW Geschichte .... Best.-Nr. 85761
Abiturprüfung BW Gemeinschaftskunde .... Best.-Nr. 85801
Abiturprüfung BW Wirtschaft .... Best.-Nr. 85851
Abiturprüfung BW Biologie .... Best.-Nr. 85701
Abiturprüfung BW Chemie .... Best.-Nr. 85731
Abiturprüfung BW Kunst .... Best.-Nr. 85961
Abiturprüfung BW Sport .... Best.-Nr. 85980

Best.-Nr. E10485 Best.-Nr. E10484 Best.-Nr. E10479

Was kommt nach dem Abitur?

Die STARK Ratgeber helfen weiter!

Weitere STARK Fachbücher zur Studien- und Berufswahl finden Sie unter **www.berufundkarriere.de**

23-VD8

Bestellungen bitte direkt an:
STARK Verlagsgesellschaft mbH & Co. KG · Postfach 1852 · 85318 Freising
Tel. 0180 3 179000* · Fax 0180 3 179001* · www.stark-verlag.de · info@stark-verlag.de
*9 Cent pro Min. aus dem deutschen Festnetz, Mobilfunk bis 42 Cent pro Min.
Aus dem Mobilfunknetz wählen Sie die Festnetznummer: 08167 9573-0

Lernen • Wissen • Zukunft
STARK